★★★ 永远跟党走 奋进新时代 ★★★

强国有我
筑梦同行 第四辑③

孙 辉 主编　适用于初中

CtS 湖南少年儿童出版社·长沙
HUNAN JUVENILE & CHILDREN'S PUBLISHING HOUSE

图书在版编目（CIP）数据

强国有我 筑梦同行. 第四辑 ③ / 孙辉主编. —
长沙：湖南少年儿童出版社，2024.3
ISBN 978-7-5562-7527-4

Ⅰ.①强… Ⅱ.①孙… Ⅲ.①爱国主义教育—初中—
教学参考资料 Ⅳ.①G631.4

中国国家版本馆CIP数据核字(2024)第044440号

QIANGGUO YOU WO ZHUMENG TONGXING·DI-SI JI ③

强国有我 筑梦同行·第四辑 ③

策划编辑： 胡隽宓　毛士之　唐　龙　　　**装帧设计：** 吴辉远　罗　歆

责任编辑： 吴　婕

质量总监： 阳　梅

出 版 人： 刘星保

出版发行： 湖南少年儿童出版社

社　　址： 湖南省长沙市晚报大道 89 号　　**邮　　编：** 410016

电　　话： 0731-82196320

常年法律顾问： 湖南崇民律师事务所　柳成柱律师

经　　销： 新华书店　　　　　　　　　　**印　　刷：** 长沙鸿发印务实业有限公司

印　　张： 6　　　　　　　　　　　　　　**字　　数：** 140 千

开　　本： 710 mm×1000 mm　1/16

版　　次： 2024 年 3 月第 1 版

印　　次： 2024 年 3 月第 1 次印刷

书　　号： ISBN 978-7-5562-7527-4

定　　价： 20.00 元

前　言

中华民族是有着悠久爱国主义传统的伟大民族。爱国主义激励着中华儿女为了国家统一、民族富强而努力奋斗、自强不息。

爱国主义是中华儿女巩固和维护民族团结统一的精神血脉：历史上无数先贤不畏困难、不惧牺牲，心系家国、舍生取义。爱国主义是中华儿女抵御外敌入侵、实现救亡图存的精神武器：近代无数仁人志士抛头颅，洒热血，推翻了封建主义，打败了帝国主义，取得了民主革命的胜利。爱国主义是中华儿女攻坚克难、奋起直追的精神动力：中华人民共和国成立之后，在中国共产党的领导下，中国人民奋发图强、自力更生，突破了帝国主义的封锁，确立了社会主义基本制度，建立了独立完整的工业体系，研制了"两弹一星"，开启了伟大的改革开放……中国特色社会主义事业展现出勃勃生机。

现在，中国特色社会主义进入新时代，中华民族迎来了伟大复兴的关键时期，爱国主义绽放出了更加绚丽的光彩。在以习近平同志为核心的党中央坚强领导下，全党全国各族人民团结统一，爱国、爱党、爱社会主义成为时代主旋律。每个中华儿女都要积极行动起来，弘扬伟大爱国主义精神，在平凡岗位上书写不平凡的人生，为实现中华民族伟大复兴贡献自己的力量。

《强国有我 筑梦同行》是新时代爱国主义教育读本，把爱国主义精神熔铸于榜样故事中，并根据读者年龄特点灵活设计板块，旨在把爱国主义的种子播撒到少年儿童的心灵深处，培养有理想、有道德、有文化、有纪律的中国特色社会主义事业的建设者和接班人。

"少年智则国智，少年富则国富，少年强则国强。"亲爱的同学们，请高举爱国主义的旗帜，主动把自己的梦想同实现中华民族伟大复兴的中国梦结合起来，勤学好问，苦练本领，以不懈奋斗书写新时代华章，共同创造幸福生活和美好未来吧！

编　者

主编简介

孙辉

中国近现代史硕士研究生、长沙市首届卓越教师（教学能手）、长沙市第三届卓越教师（优秀骨干教师）、长沙市第十九届"九芝"优秀班主任、湖南大学硕士研究生导师（兼职）、教育部"国培计划"省级授课专家、生涯规划师。先后在省、市教育行政部门组织的各项教学比赛中获一等奖3次，在教育类期刊发表专业论文多篇。现主持长沙市教育规划一般资助课题一项，参加湖南省社科院一般资助课题一项，编写并出版学生教育教学图书多部。

目　录

第一章　中华文明的起源

【篇首语】

　　中国文化源远流长，中华文明博大精深。中华民族具有百万年的人类史、一万年的文化史、五千多年的文明史。只有全面深入了解中华文明的历史，才能更有效地推动中华优秀传统文化创造性转化、创新性发展，更有力地推进中国特色社会主义文化建设，建设中华民族现代文明。

一、上山文化——中华文明"启明星"

（一）最早的稻米

　　一万年前，当末次冰期的寒意逐渐退去，当夏天的风吹拂在钱塘江两岸，河谷的盆地里稻花香四处飘散，摇曳的稻穗在风中等待着成熟。秋天到来，走出洞穴的上山人已经学会用石制的镰刀收割水稻，稻米则成为人们赖以生存的食物，哺育了一代又一代的上山人，也滋养了一个伟大的文明。

　　2000年10月，在浙江省浦江县黄宅镇上山村，沉睡了万年的上山遗址呈现在人们面前。在距今11000~8500年的地层中，考古学家发现了一粒炭化的稻米，这粒炭化稻米粒，长3.732毫米、宽1.667毫米、厚1.723毫米，小到需要用放大镜才能看得清楚。接着，考古学家们先后在义乌桥头遗址、仙居下汤遗址、永康湖西遗址均发现了数量丰富的炭化稻米，同时还发现了从栽培、收割、加工到食用的较为完整的

炭化稻谷
Charred rice spikelet

稻作证据链。

上山遗址炭化稻米是目前考古发现的世界上最早的栽培稻遗存，充分证明万年前的上山先民已经开始驯化、栽培水稻，证实了上山文化是世界稻作文化的起源，是以南方稻作文明和北方粟作文明为基础的中华文明形成过程的重要起点。

【知识链接】

万年上山 世界稻源

2020年11月12日至14日举行的上山遗址发现20周年学术研讨会上，"杂交水稻之父"、中国工程院院士、"共和国勋章"获得者袁隆平曾发来一封贺信。袁隆平在信中写道："'万年上山 世界稻源'，让我们共同努力！"

（二）最早的彩陶

　　良好的光照和丰富的水资源，为上山先民栽种水稻提供了优越的条件。太阳东升西落，红色光芒与赤色土地融为一体，孕育了稻谷和生命的红色成为上山先民最喜欢的颜色。于是先民们将象征光明与能量的太阳饰于陶器之上，将红色作为陶器的底色融入了他们的信仰和物质文明之中。

　　自 2014 年发掘以来，上山文化的重要根据地——位于义乌桥头村的桥头遗址出土了大量上山文化中晚期彩陶，其数量和完整度令考古界震惊。碗、盆、瓶、罐……器形复杂多样，双耳壶、大口盆、平底盘、圈足盘等应有尽有。在出土的陶器中，一块夹细砂红陶残片格外引人注目。这块陶片陶质细腻，其上清晰可见一处太阳纹图案，另有两个用白色填涂而成的顶角相对的三角形和一个不完整的正方形，口沿处

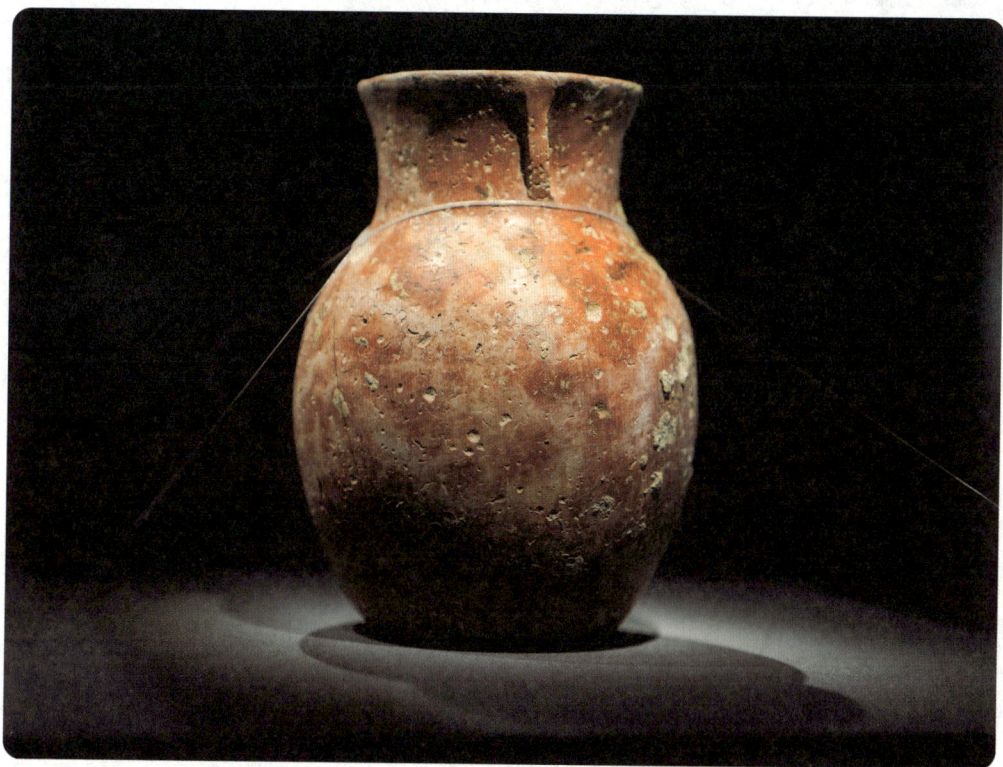

有连缀的白色点彩。红衣，是上山彩陶最鲜明的特征，红色陶衣鲜艳亮丽，白色纹饰图案简洁，这是上山民族关于太阳信仰崇拜的文明胎记。

上山彩陶是迄今世界上发现最早的彩陶。孕育于上山文化的独特的红色陶系，是上山文化的精华，也是中国彩陶文化的重要源头之一。上山文化中具象的太阳纹——壶瓶罐上的八卦形彩绘、圈足盘上的镂孔和放射状的刻画组合，都可能是太阳光芒的象征，共同拉开了古代中国宇宙观的帷幕。

【拓展阅读】

桥头人可能掌握世界上最早的酿酒技术

在上山文化桥头遗址诸多彩陶中，有一件陶壶，其造型线条圆润，陶面光滑细腻，用手指轻弹，可以发出清脆悦耳的撞击声。经检测，在陶壶里的残余物中发现了一种加热产生的糊化淀粉，专家认为该残余物与低温发酵的损伤特征相符，而低温发酵是酿酒的基本原理。专家们由此猜测，9000 年前的桥头人可能已经掌握酿酒技术。如果桥头人已经学会酿酒，那么这只陶壶无疑是迄今为止发现的中国最早酒器。

（三）最早的定居村落

万年前，自然环境逐步变得温和，人们的生存条件也逐渐好转。此时，上山先民一改依赖打猎、捕鱼、采摘为生的状况，着力栽培水稻，在收获季节便可以将稻米储存起来，保证了食物的基本来源。于是，上山先民们从洞穴中走出来，选择在浙江的金衢盆地停留定居。

2000 年以来，考古人员以金衢盆地为中心，陆续发现了超过 21 处的村落聚居群。在这些遗址中，又发现了大量带柱洞结构的建筑遗迹和带沟槽基址的房址，这是最早的干栏式建筑和排房。此外，还发现了半地穴式房屋和地面式房屋等类型。村落周边还发现了灰坑、墓葬、器物埋葬坑等遗迹，排列分布有序。村落中还有环壕，可以起到排水防洪和防止野兽攻击的作用，这相当于最原始的护城河。这些都说明当时的村落已经有了初步的规划和布局。

专家们普遍认为，上山文化聚落群是迄今中国境内乃至东亚地区发现的规模最大、分布最为集中的早期新石器时代遗址群。聚落定居已经成为上山文化的生活模式。上山文化遗址是中国考古发现的最早的村落痕迹之一，著名考古学家严文明先生称其为"远古中华第一村"。

二、良渚文明——中华文明曙光升起的地方

2023 年 6 月 15 日上午，在杭州良渚古城遗址公园大莫角山，身着白色服饰的采火使者缓步走上台阶，手持采火棒，走向玉璧造型的采火装置，让来自 5000 年前的良渚文明之光穿越时空，点燃新时代的亚

运之火。

良渚古城是中华文明曙光升起的地方，在这里采集的亚运火种，象征亚洲大团结的体育之火、文明之火、和平之火，能更好地向亚洲人民展示中华文明的古老悠久，传递中国人民的美好心愿。

良渚古城遗址既是杭州亚运会的火种采集地，也是实证中华五千年文明的圣地。这座千年前的古城，展示出新石器时代晚期在长江下游环太湖地区曾经存在过一个以稻作农业为经济基础、出现明显社会分工以及具有统一信仰的早期区域性的国家形态。

1936年，25岁的杭州良渚镇人施昕更首先发现了良渚古城遗址，并完成了5万余字的《良渚——杭县第二区黑陶文化遗址初步报告》，揭开了良渚文化的神秘面纱。1959年，依照考古按发现地点命名的惯例，新中国考古工作的主要指导者和组织者、中国现代考古学的奠基人之一的夏鼐先生正式提出"良渚文化"的名称。

在经历了半个多世纪的考古研究后，人们发现，良渚文化距今约四五千年，它建立在发达的稻作经济基础上。当时，这里的农业已率

先进入犁耕稻作时代，人们获取肉食资源的主要方式也由狩猎转变为家畜饲养。同时，人们已对农田有了较为完整的规划，建成了整齐的田埂、道路，并修筑了发达的农田灌溉设施和复杂的水利系统，蓄水量相当于 3 个西湖。这是同时期世界上规模最大的水坝系统和公共工程，其规格、设计与建造技术方面展现了世界同期罕见的科学水平，表现出中华文明乃至东亚地区史前稻作文明发展的极高成就，是人类文明发展史上早期城市文明的杰出范例。

良渚文化对中华文明一大重要的物质层面的贡献是玉器。良渚玉器不仅开创了"藏礼于器"的传统，也为中华玉文化的形成奠定了基础。在良渚发掘的一些陶器、玉器上，已发现了不少单个或成组的具有表意功能的刻画符号，学者们称之为"原始文字"，这也被认为是中国成熟文字的前身。

2007 年，浙江省发布重大考古成果——在良渚遗址区内发现一座面积 290 万平方米的古城，面积和北京颐和园差不多。这座古城东西长约 1500~1700 米，南北长约 1800~1900 米，略呈圆角长方形，正南北方向，部分地段城墙残高 4 米多。良渚古城是整个良渚文化范围内最高等级的政治中心、宗教中心和手工业中心，该古城的亮相也进一步证实良渚文化是高度复杂化的社会文化。

著名考古学家、北京大学教授严文明这样评价良渚古城：这是目前中国所发现同时代古城中最大的一座，称得上"中华第一城"；它改变了原本以为良渚文化只是一抹文明曙光的认识，标志着良渚文化其实已经进入了成熟的史前文明发展阶段；是继 20 世纪河南安阳殷墟发现之后，中国考古界的又一重大发现。良渚早期国家的出现是中华文明 5000 多年历史的重要实证，是"最初的中国"第一个结晶。

三、殷墟——千年前的人类文明新高度

"商邑翼翼，四方之极"，这句诗出自我国古代第一部诗歌总集《诗经》中的《商颂·殷武》。"商邑"指商朝国都亳，被洹水萦绕的殷墟王城是当时世界上最大的都市之一，时称"大邑商"。商王朝历史上曾经多次迁都，约公元前 1300 年，商朝第 19 位君主盘庚迁都于殷（今河南省安阳市）。此后，数代商王彰善伐罪，施德于民，内安社稷，外抚各方，终于平定四海，并迎来晚商盛世。这首诗主要颂扬的就是殷高宗继承成汤的事业后所建树的中兴业绩。

在 20 世纪初，殷墟因发掘出甲骨文而闻名于世。1899 年，时任清朝最高学府国子监祭酒的王懿荣由于患了疟疾，命人从达仁堂买了一服中药，无意中发现入药的龙骨上有一些特殊的符号。通过仔细观察和辨认，王懿荣认定此龙骨为古物，那些特殊符号则像古代文字，于是他从药铺把有刻痕的龙骨全买回了家，并开始从各地陆续收购龙骨总计1500多片。后来，近代著名古文字学家、历史学家、考古学家罗振玉经过多方探访，查明甲骨卜辞出土于安阳小屯村，根据文献确定了小屯为盘庚殷的地点，从而确定了甲骨为殷商王朝遗物。他前后搜集甲骨约三万余片，并考释出大量的甲骨文单字。

　　1928年10月13日，考古学家董作宾在安阳小屯村挥出第一锹，由此拉开中国持续科学发掘殷墟的序幕。自1928年正式开始考古发掘以来，殷墟出土了大量都城建筑遗址和以甲骨文、青铜器为代表的丰富文化遗存。其中，中国已知古代最大且最重的青铜器后母戊鼎，其精密的铸造工艺，充分说明商代后期的青铜铸造规模宏大，组织严密，分工细致，商代青铜文化高度发达；迄今发掘的唯一保存完整的商代王室墓葬——妇好墓，拥有极高的完整度和极丰富的精美随葬品，更反映出当时社会上层阶级的主流观念；中国最早的车马遗迹——殷墟车马坑，是华夏考古发现的畜力车最早的实物标本，它证明了我国是世界上最早发明和使用车的文明古国之一。

殷墟是中国历史上第一个有文献可考，并为考古学和甲骨文等物证所证实的都城遗址，它证实了商王朝的存在，系统地展现了中国商代晚期辉煌灿烂的青铜文明，确立了殷商社会作为信史的科学地位，使中国信史向前推进近千年。殷墟甲骨文为我们保留了 3000 年前的文字，是中华民族珍贵的文化遗产，从中可透视 3000 年前殷商社会的生活景致。它极大地丰富了殷商文化的内涵，是中华文明的重要载体。殷墟出土的铜器、玉器、建筑基址及丰富的祭祀遗存，展示了中国历史上青铜时代鼎盛时期的物质成就和精神文明。

回望中国考古学百年历程，殷墟是中华文明探源的起点与基石。作为东亚最大的政治、经济、文化、军事中心，殷墟对周边地区的青铜文化产生了极大的影响。如今，作为世界文化遗产的殷墟，其考古、研究和保护工作受到全世界的关注，不仅成为展示中华文明的重要窗口，也在人类文明进步和世界文明进程中闪耀着璀璨的光芒。

【拓展阅读】

二里头文化——"最早的中国"

约公元前 3000 年至公元前 1500 年这一千多年间，中国历史上发生了急剧动荡的社会大变革，作为中华文明最早阶段的夏商周三代王朝文明，即诞生于这一时期。此阶段，中国历史上首次出现了覆盖广阔地域的核心文化，即以河南偃师二里头遗址为典型代表的二里头文化。其在极短的时间内吸收了各地的文明因素，以中原文化为依托而迅速崛起。二里头文化与后来的商周文明一道，构成华夏文明形成与发展的主干，确立了以礼乐文化为根本的华夏文明的基本特质。

二里头文化的文明底蕴通过商周时代王朝间的传承扬弃，成为华夏文明的主流。公元前 19 世纪至公元前 16 世纪，二里头曾是中国第一个王朝的都城所在地，上演过夏的繁荣和夏商周三代王朝更替的壮阔史剧。这是迄今可确认的中国最早的王朝都城遗址，发现有迄今所知中国最早的大型宫殿建筑群、宫城、青铜礼器群及铸铜作坊，还发现了最早的车辙痕迹，将中国发明双轮车辆的年代前推了300多年。

【课后活动】

组织观看纪录片《何以中国》

《何以中国》是由国家文物局和上海市委宣传部指导、上海市文物局支持、上海广播电视台东方卫视中心和百视 TV 联合出品的大型系列纪录片。该纪录片依托中国百年考古的丰硕成果，以纵向时间为线索，追溯中华文明的根基、发源、早期形成和发展，全方位解码了中国大地之上百万年的人类史、一万年的文化史、五千多年的文明史。

请以班级为单位组织观看纪录片，并撰写观后感。

第二章 古老的礼乐之邦

【篇首语】

礼乐是中华文化的标志，礼乐之道为中国人确立了共同的价值观念和行为准则。沿袭数千年的礼乐文化具有独特的中国特色和中国气派，是中国为世界呈现的中国智慧和中国力量。了解礼乐文化，是中国人自我理解的重要前提。民族复兴需要文化自信，礼乐文明正是我们坚定文化自信的底气。

一、周公"制礼作乐"——开创礼乐文明

近年来，我国许多中学都在为年满 18 岁的孩子举行成年仪式。这种仪式，早在 2000 多年之前就已经开始流行了。《礼记》上说："夫礼，始于冠"，这里的"冠"指的就是周代男子的成人仪式。

据史书记载，周代冠礼的主要仪节是为冠者加缁布冠、皮弁、爵弁等三种具有不同含义的冠，称为"三加"。每次加冠，主持人都会致祝词，说明此冠的内涵，表达对戴冠者的美好祝愿。行此礼的目的，旨在唤起其成年意识，从此担负起对家庭、社会的责任，也标志着一个人开始享有成年人所拥有的权利。在周代，每年春秋两季，乡长会邀请当地的士人到乡校进行乡射之礼，目的是通过射箭来讲习礼让进退之仪，使当地风俗敦厚。这些关于"礼"的规范，始于我国周代，其创始人是周公。

公元前 11 世纪，殷商晚期，周武王的弟弟周公旦作为辅佐之臣，帮助武王处理政务，追随武王上前线参战，并一举消灭了商朝。没多久，周武王因病去世，武王的幼子成王当政，整个国家人心惶惶。根据当时的规定，天子、诸侯的嫡长子，只要没有举行过冠礼，就没有资格亲政。周公担心一些心怀不轨的诸侯想趁王位交接、新主年幼之际背叛周王室，为了稳定人心，周公宣布暂时摄政，主动出面亲自处理各种事务，以辅佐成王。

但武王的两个弟弟管叔、蔡叔嫉妒周公摄政，便与纣王的儿子武庚勾结，并纠集徐、奄、薄姑和熊、盈等方国部落，掀起了叛

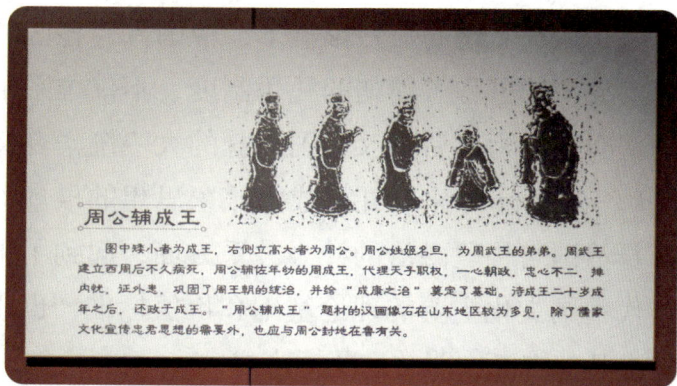

周公辅成王

图中袖小者为成王，右侧立高大者为周公。周公姓姬名旦，为周武王的弟弟。周武王建立西周后不久病死，周公辅佐年幼的周成王，代理天子职权，一心朝政，忠心不二，摈内忧，征外患，巩固了周王朝的统治，并给"成康之治"奠定了基础。待成王二十岁成年之后，还政于成王。"周公辅成王"题材的汉画像石在山东地区较为多见，除了儒家文化宣传忠君思想的需要外，也应与周公封地在鲁地有关。

乱。为了维护国家的安全，周公亲自率领军队讨伐叛军，经过三年战争，终于平定了叛乱。此时，周公深切感觉到礼乐的重要性——没有"礼"，就无以体现君臣尊卑，臣子便会犯上作乱；没有"乐"，就不能教化人民，人民难以形成高尚的品格。礼乐相辅相成，国家才能长治久安。

周公摄政的第五年，国家局势渐渐稳定，为进一步巩固周的统治，他开始大规模营建首都"成周洛邑"。周公还将上古至殷商的法律制度和伦理道德规范进行大规模的整理、改造，形成祭祀、丧葬、交际、征战和吉庆五大类"周礼"，涉及冠、婚、丧、祭、朝、聘、乡、射及职官制度等诸多礼仪、礼制和礼义。同时，还制定了与之配合的各种音乐使用标准，不同场合、不同身份下的人，不仅礼仪有别，所用音乐也有严格规定。成周洛邑建成之后，周公召集天下诸侯举行盛大庆典，在此正式册封天下诸侯，并宣布各种典章制度，完成了"制礼作乐"的壮举。

在礼乐文化的强烈影响下，中国古代各区域的文化开始了大融合与大统一的进程。周朝的礼乐制度，不仅维系了周王朝长达八百多年的文明，更为以后秦汉帝国建立的大一统华夏文明奠定了深厚的文化基础。两千多年来，礼乐成为儒家思想的根本支撑，礼乐教化在人们修身治国与构建融洽的社会关系方面，起到了十分重要的作用，成为古代中国文化主要的理论基础和价值标准，也成为中华文明区别于世界上其他古老文明的重要标志之一。

【拓展阅读】

五礼与列鼎制度

《周礼·春官》详细记述了五种仪制：吉礼，祭祀之礼；凶礼，丧葬灾变之礼；宾礼，邦国间外交往来及接待宾客时的礼仪；军礼，军队日常操练、征伐、出行、凯旋时所用礼仪；嘉礼，用来和合人际关系，沟通、联络感情的礼仪。为了体现礼的差异，无论是重要的祭祀还是一般的宴饮、丧葬，都要按照不同的等级区别使用成套的青铜器。

西周时期的青铜礼器中，鼎和簋相配使用，鼎专门盛肉，簋则用以盛装其他食物。这种组合，形成了列鼎制度，是西周礼仪制度的核心。按照《周礼》规定，天子用九鼎八簋，所谓"一言九鼎"即由此而来。而诸侯只能用七鼎六簋，大夫用五鼎四簋，士用三鼎二簋等。鼎的大小与多寡标志着主人社会地位的高下。如此一来就规范了社会身份，确定了每个人在社会上的责任、权利和义务，建立起一种尊卑有别的社会秩序。

二、孔子复兴周礼——礼乐思想的升华

公元前770年，周平王将国都迁至洛邑，周天子的王权地位不断衰落，不能担当天下共主的责任，诸侯势力不断坐大，于是，群雄并起的春秋时代开始。这一时期，中国古代思想家、政治家、教育家，儒家学派创始人孔子诞生了。

孔子生于公元前551年，他的祖先是殷人的后代。孔子自幼熟悉传统礼制，青年时便以掌握广博的礼乐知识闻名于鲁国，后来主要以帮贵族办理丧祭之礼为生。

在孔子看来，周礼是最完美的一套制度。他曾说："郁郁乎文哉，吾从周"。意思是"周朝的礼乐制度是何等美盛呀！我是主张遵从周代的"。孔子把春秋时代看作是"礼崩乐坏"的时代，因为在那时，臣杀君、子杀父的事时有发生。如公元前607年，晋国大夫赵穿杀害了国君晋灵公；公元前548年，齐国大夫崔杼杀害了国君齐庄公。当时，天下大乱，周天子王权旁落，已经不能再按照周礼掌握权威。诸侯大夫势力日渐壮大，也不再服从周天子及遵守周礼。孔子认为，要制止这些不符合礼制的暴行，就必须要恢复周礼的权威，重新肯定宗法等级制度的秩序。因此，孔子一生都在追求恢复周礼。

孔子要求复兴周礼，并非因袭守旧。他提出要掌握周礼的思想实质，并强调应强化道德教化，同时要补充"仁"作为礼的内容。他常说，一个不仁的人是不能够真正理解和实

行周礼的。孔子说的"仁"，就是要约束自己的行为，使其符合于"礼"的规范，这是一种全面的道德行为，所以，他非常注重"孝""悌"等最基本的品德。这些精神也灌注于中华民族传统美德之中，一直传承至今。

　　孔子50多岁时，曾担任鲁国的司寇。之后他积极实践，带着他的弟子周游列国，宣传自己的政治主张和思想学说，但始终没有被当时的时代所接受。孔子于68岁时返回鲁国，开始整理图书典籍，修订了《诗》《书》《礼》《易》《乐》《春秋》六经。经过孔子的传述，"六经"成为儒家的经典和象征。

　　孔子建构了完整的"德道"思想体系，在个体层面主张"仁、礼"之德性与德行。"仁"，体现了人道精神。"礼"，则体现了礼制精神，即现代意义上的秩序和制度。人道主义是人类永恒的主题，在任何时代都是适用的；而秩序和制度社会则是建立人类文明社会的基本要求。孔子的这种人道主义和秩序精神是中国古代社会政治思想的精华。

【拓展阅读】

"三礼"

《周礼》《仪礼》和《礼记》合称"三礼"，是古代华夏礼乐文化的理论形态，对礼法、礼仪作了最权威的记载和解释，对历代礼制影响深远。《周礼》记载了先秦时期社会政治、经济、文化、风俗、礼法诸制，是古代中国第一部系统、完整地记述国家机构设置、职能分工的专书。《仪礼》阐述了春秋战国时期士大夫阶层的礼仪，反映了当时的社会制度与血缘关系，对后世社会组织、文化观念等有着重要影响。《礼记》记载和论述了先秦的礼制、礼仪等，还记录了孔子和弟子等人的问答，传道其修身做人的准则，集中体现了先秦儒家的政治、哲学和伦理思想，是研究先秦社会的重要资料。

一、礼乐重器"曾侯乙编钟"——先秦"礼乐文明"的最高成就

湖北省博物馆有一套"镇馆之宝"——曾侯乙编钟，它是 1978 年在湖北随县（今随州）擂鼓墩曾侯乙墓出土的一套大型礼乐重器。

　　编钟兴起于周朝，盛于春秋战国，直至秦汉。编钟用青铜铸就，由大小不同的扁圆钟组合而成，按照音调高低的次序排列，悬挂在一个巨大的钟架上。用丁字形的木槌和长形的棒分别敲打编钟，能发出不同的乐音。因为每个钟的音调不同，按照音谱敲打，可以演奏出美妙的乐曲。编钟作为周朝时期的大型礼乐重器，往往在天子诞辰、祭祀祖先、将士凯旋以及"国丧"之时奏响。

　　现藏于湖北省博物馆的曾侯乙编钟，钟架长 748 厘米，高 265 厘米，全套编钟共六十五件，分三层八组，悬挂在呈曲尺形的铜木结构钟架上，最大的钟通高 152.3 厘米，重 203.6 千克。该编钟用浑铸、分铸法铸成，采用了铜焊、铸镶、错金等工艺技术，以及圆雕、浮雕、阴刻、髹漆彩绘等装饰技法。每件钟均能奏出呈三度音阶的双音，全套钟十二个半音齐备，可以旋宫转调。音列是现今通行的 C 大调，能演奏五声、六声或七声音阶乐曲。

　　自 1978 年 5 月出土以来，曾侯乙编钟一共奏响过三次。第一次是 1978 年 8 月 1 日，由文化部的音乐家黄翔鹏、王湘等人对全套编钟逐个测音，他们以《东方红》为开篇，接着演奏了古曲《楚殇》、外国名曲《一路平安》、民族歌曲《草原上升起不落的太阳》，最后以《国际歌》落幕。当钟槌击打在编钟上，来自两千多年前的美妙钟声穿透历史和时空而来，"宫、商、角、徵、羽"五音交织，东周时期极具历史韵味的古老乐章又回荡在中华大地上。第二次奏响是在 1984 年，新中国成立 35 周年之际，湖北省博物馆演奏人员在北京中南海怀仁堂为各国驻华大使演奏了《春江花月夜》《楚殇》以及《欢乐颂》等中外名曲。第三次是在 1997 年，编钟再次响起，演奏了著名音乐人谭盾为庆祝香港回归而创作的大型交响乐《交响曲 1997：天·地·人》。

　　曾侯乙编钟是中国迄今发现数量最多、保存最好、音律最全、气势最宏伟的一套编钟，代表了中国先秦礼乐文明与青铜器铸造技术的最高成就。曾侯乙编钟作为古代贵族教育、"六艺"之一"乐"的重要组成部分和周朝"礼乐兴邦"的历史鉴证，在中国古代文化发展史上，占据着不可撼动的重要地位。

【拓展阅读】

贾湖骨笛——中国最早的乐器

1984年至2001年间，考古人员在河南省漯河市舞阳贾湖遗址寻获了多支截取丹顶鹤尺骨制成的骨笛。检测结果显示，这些骨笛距今约9000—7800年。笛孔有5、6、7、8之别，大多数骨笛为7孔。2001年7月，上海师范大学特聘教授、演奏家刘正国为骨笛测音，他依次演奏了无孔、二孔和七孔三种形制的骨笛。其中，那根七孔骨笛通体棕亮光滑，古朴漂亮。那两晚，他乐此不疲地用七孔骨笛吹奏了《梁祝》《沂蒙山小调》《春江花月夜》等十几支曲子，尝试演奏了各种宫调，最后得出结论：七声齐备，叹为观止。

贾湖骨笛是目前世界上发现年代最早且至今尚可演奏的乐器。贾湖骨笛的发现，将中国音乐文明起源的时间从距今5000年左右传说中的黄帝时期提前到距今8000多年的新石器时代中期。贾湖骨笛对中国礼乐制度乃至整个中国文化、文明都有重要影响。

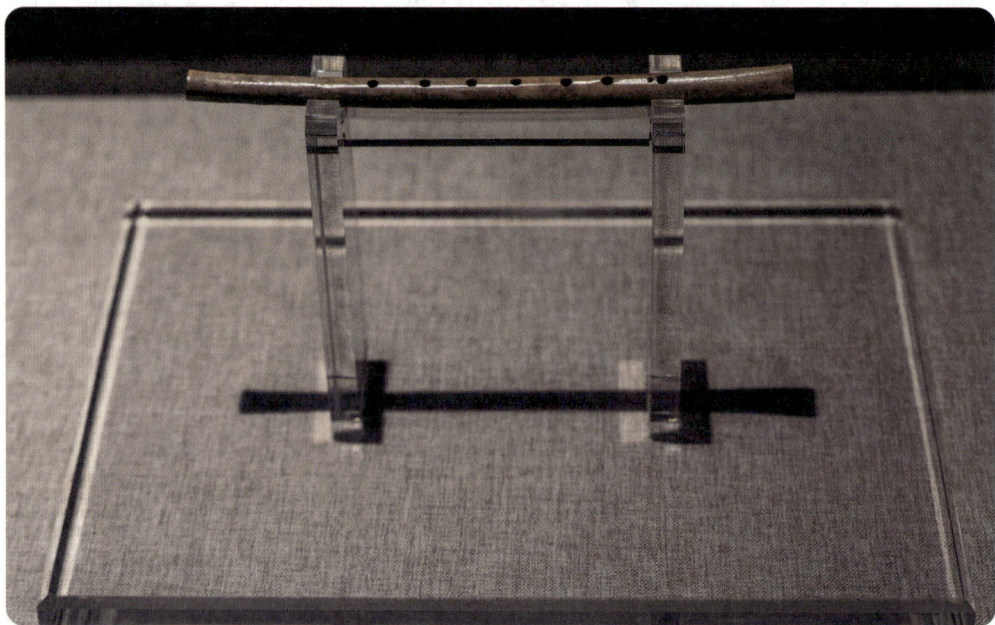

【结束语】

　　礼乐文明作为中国传统文化的核心价值，既有内在的源于自觉意识的道德规范，又有外在的带有约束性的行为规范，是保持国家和民族永久魅力和活力、增强民族凝聚力的内在要求。在推进中国式现代化的伟大进程中，用礼乐文明的秩序与和谐理念，以及礼乐内在的道德修养，培养人们礼尚往来、以"诚"相待、以"信"相许、以"义"相重的情操，造就孝亲睦邻、敬业乐群、尊师敬长、礼贤下士、温良谦恭、平和中正的君子风范，使礼乐精神成为社会主义精神文明的组成部分，成为中国人的社会意识和文化精神，才能实现主体与外界的和谐、群体的和谐、社会的和谐、成就新时代的"礼仪之邦"。

【课后活动】

促进班级文明礼仪活动方案

一、活动目的

1. 通过活动，了解日常礼仪常识，文明举止。

2. 在具体行动中做到讲文明、懂礼仪，努力提高自身文明修养。

3. 引导学生做讲文明、有礼貌的青少年。

二、活动准备

1. 组织学习《中学生日常行为规范》。

2. 分组收集关于讲文明、懂礼貌的诗歌、故事等材料。

3. 观察和调查学生中不讲礼貌礼仪的现象（如不谦让、在楼道里乱跑、借东西不打招呼等），了解状况，进行分项教育。

4. 确定主持人。

三、活动过程

1. 主持人开场白：宣布活动主题。

2. 分组讲故事。

3. 组织学习《中小学生守则》和《中学生日常行为规范》。

第三章　灿烂的思想文化

【篇首语】

　　源远流长的中华文明以中华优秀传统文化为主要载体，中华优秀传统文化所蕴含的思想观念、人文精神、道德规范，展现了中华文明的悠久历史和人文底蕴，是中华文明长盛不衰的根基所在。

一、百家争鸣的思想高峰

　　春秋战国时期，社会急剧变化，许多问题亟待解决。至战国时期，已产生了各种思想流派，如儒、法、道、墨等，被称为"诸子百家"。当时每一学派都有自己的代表人物以及独特的观点：儒家主张对人善、仁德；道家主张无政府、服从自然；墨家主张博爱、互不侵犯；法家主张严刑峻法、依法治国……他们著书讲学，互相论战，共筑了学术上的繁荣景象，后世称为百家争鸣。这些流派的主张深深影响了中国人的思想和行为，直至今天。

（一）老子和《道德经》

据《史记》等记载，老子姓李名耳，字聃，一字伯阳，为春秋时期陈国苦县人。他是中国古代最伟大的哲学家、思想家之一，先秦道家学派的创始人。老子曾经担任周朝守藏室之史，以博学而闻名。

老子所著的《道德经》是中国历史上最伟大的名著之一，《史记》上记载了一段老子函谷著书的故事。春秋末年，天下大乱，老子准备辞掉官职，出函谷关，云游天下。当时，镇守函谷关的官员叫作尹喜，这个人从小好观天文、爱读古籍，修养深厚。一天夜晚，只见东方紫云聚集，他知道肯定会有圣人要经过函谷关。第二天，他就派人清扫道路，夹道焚香，以迎圣人。午后，尹喜果然看见函谷关下稀落行人中有一白发如雪的老者倒骑青牛而来，正是老子。尹喜仰天而叹："我生有幸，得见圣人！"奔上前去，跪于青牛前拜道："关尹叩见圣人。"随后，他把老子带到官舍，请老子上坐，焚香行弟子之礼。他恳求道："先生是当今大圣人！现在您就要隐居了，为什么不把您的圣智写成书，让天下人都知道呢？关尹虽然浅陋，愿代先生传于后世，流芳千古，造福万代。"老子想了想，答应了他，于是以王朝兴衰成败、百姓安危祸福为鉴，溯其源，著上、下两篇，合称《道德经》，共五千言。

老子的核心思想是"道"，他认为"道"是宇宙万物的本源和本质。老子的思想富有深刻的哲理性和系统的思辨性，对中国重要的哲学流派都具有深远的影响。据联合国教科文组织统计，《道德经》是除了《圣经》以外，全球发行量最多的文化名著。《道德经》被誉为"中华文化之源""万经之王"。

【拓展阅读】

庄周梦蝶的寓言

庄子是战国中期思想家、哲学家、文学家，道家学派代表人物，与老子并称"老庄"。在他所写的《庄子》一书中，讲述了一个关于梦的故事。庄周梦见自己变成一只蝴蝶，不禁飘飘然，十分轻松惬意。这时他全然忘记了自己是庄周。过一会儿待他醒来后，对自己还是庄周感到十分惊奇疑惑。庄子陷入沉思：到底是我在梦中变成了蝴蝶，还是蝴蝶在梦中变成了我？梦和现实，到底哪一个是真实的呢？这个故事体现了庄子独特的思想体系中蕴含的浪漫诗意和情怀，以及他追求精神自由和心灵自由的境界。

（二）中国的第一位老师——孔子

孔子名丘，字仲尼，出生于鲁国陬邑（今山东曲阜），是中国古代著名的思想家、教育家，儒家学派创始人，被后世尊为孔圣人、至圣、至圣先师。

孔子是中国历史上大量招收私人学生的第一人，有些学生还陪同他周游列国。《史记·孔子世家》记载："孔子以诗书礼乐教，弟子盖三千焉，身通六艺者七十有二人。"意为孔子有大概三千名弟子，其中精通"六艺"者有七十二人，侧面说明了孔子施教的影响力。

周朝的贵族教育体系，要求学生掌握六种基本才能：礼、乐、射、御、书、数。在学习方法上，孔子善于诱导学生的积极性，注意培养学生的独立思考能力，如"循循善诱""温故知新"等，注意"学、思、行"三者结合。孔子说："学而不思则罔，思而不学则殆。"意思是只学习而不思考就会迷惘无所得，只思考而不学习就会不切于事而疑惑不解，二者需相结合才能有所收获。对于不同资质的学生，孔子会因材施教。孔子开展教育事业，为社会培养了大批德才兼备的君子，形成了一整套对后世产生深刻影响的教育方法与理念。孔子去世后，他的弟子仲弓、子游、子夏、子贡等人担心师道失传，于是集结众人，将孔子及其弟子的言行记载下来，编纂成《论语》一书。

在治国的方略上，孔子主张"为政以德"，认为用道德和礼教来治理国家是最高尚的治国之道，也叫"德治"或"礼治"。孔子的政治思想经过后世继承和发扬，成为中国封建社会的正统思想，深刻地影响了中国封建社会的政治、经济、文化以及中华民族的政治观念，并对东亚、东南亚、欧洲等地产生了影响。

二、民惟邦本的民本思想

古文《尚书·五子之歌》中写道："民惟邦本，本固邦宁"。意思是，人民是国家的根基，根基牢固，国家才能安定。民众就如同参天大树的根，根系稳固，大树才会千年不倒。这体现了中国最朴素的民本思想。

中国的民本思想在西周时期就已开始萌芽。武王去世，成王继位初期，武王的三个弟弟勾结前朝纣王之子武庚发动叛乱，周公花了三年时间平定叛乱后，派周文王的第九个孩子康叔去治理其中的一部分领地。康叔年纪尚轻，缺乏经验，临行前周公嘱咐他："惟乃丕显考文王，克明德慎罚，不敢侮鳏寡，庸庸，祗祗，威威，显民，用肇造我区夏，越我一、二邦，以修我西土。"意思是，你那伟大显赫的父亲周文王，能够提倡道德，慎用刑罚，连对那些鳏寡孤独的弱势群体，也不敢轻慢侮辱他们；他任用那些可用的人才，尊重那些值得尊重的人，敬畏那些应敬畏的人；他让老百姓了解所施行的政务。通过这些努力，

才创建了我华夏的领域，以及领导那些友好的邻邦，将我们整个西部治理得当。周公希望康叔也能像他的先祖一样，执行温和亲民的政策，重视对人才的发掘、尊重与使用。这就是西周时期周公政治方略中的民本思想。这一明德重民的思想，直接影响了孔子仁学思想的形成。

先秦时代，管仲学派的创始人和思想领袖管仲也意识到，政权要稳定长久，必须推行顺乎民心的政策。《管子·牧民》中有记载："政之所兴，在顺民心。政之所废，在逆民心。"意思是政权之所以能兴盛，在于顺应民心；政权之所以废弛，则因为违逆民心。这是我国政治思想史上首次明确提出以人为本的治国理念。后来，管仲利用他的思想辅佐齐桓公实现了"九合诸侯，一匡天下"的王霸之业。

孔子也提出统治者要保持节俭，节约物资用度，懂得爱护官吏和人民。《论语》中记载："道千乘之国，敬事而信，节用而爱人，使民以时。"意思是治理拥有千辆兵车的国家，应该严肃、恭敬，讲究信用，节省财物，爱护官吏和人民，让百姓服劳役要符合农时。这是儒家关于治理天下的核心思想。100多年后，儒家思想的另一位代表人物孟子也提出"民为贵，社稷次之，君为轻"的仁政思想，告诫统治者"爱民""利民"，轻徭薄赋，听政于民，与民同乐。至此，民本思想真正形成。

中国古代贤能的统治者将民本思想贯彻到政治实践中，重视民生问题，施行了休养生息、轻徭薄赋、宽政惠民、厚生利民、除暴安民、济世为民等政治举措，造就了汉文景之治、唐贞观之治等盛世。中国共产党从诞生之日起，就将"为人民谋取幸福"写进党章，确定了"为人民服务"的根本宗旨。进入新时代，中国共产党始终坚持人民性和人民立场，始终坚持将人民至上作为治国理政最鲜明的价值取向，始终坚持立党为公、执政为民的本质要求，始终践行为中国人民谋幸福、为中华民族谋复兴的时代使命。

【拓展阅读】

江山就是人民　人民就是江山

2021年2月20日，党史学习教育动员大会在北京召开。中共中央总书记、国家主席、中央军委主席习近平出席会议并发表重要讲话。他强调，我们党的百年历史，就是一部践行党的初心使命的历史，就是一部党与人民心连心、同呼吸、共命运的历史。历史充分证明，江山就是人民，人民就是江山，人心向背关系党的生死存亡。赢得人民信任，得到人民支持，党就能够克服任何困难，就能够无往而不胜。要教育引导全党深刻认识党的性质宗旨，坚持一切为了人民、一切依靠人民，始终把人民放在心中最高位置、把人民对美好生活的向往作为奋斗目标，推动改革发展成果更多更公平惠及全体人民，推动共同富裕取得更为明显的实质性进展，把14亿中国人民凝聚成推动中华民族伟大复兴的磅礴力量。

三、天人合一的中国智慧

中华文明历来崇尚天人合一、道法自然，追求人与自然和谐共生，绵延5000多年的中华文明孕育着丰富的生态文化。

古人认为山林川泽是自然的产物，必须受到适当的保护和管理，于是从周代开始，我国就建立了虞衡制度。《周礼》记载，设立"山虞掌山林之政令，物为之厉而为之守禁""林衡掌巡林麓之禁令，而平其守"。虞衡制度设立了专门的机构来管理山林川泽，这些机构负责制定政策法令，监管狩猎、采集、开采等活动，以确保资源的可持续利用和保护。虞衡制度一直延续到我国清代，在国家5A级景区梵净山的金顶上，至今还保留着一块清代石碑——"禁树碑"，碑文中写道："草木者山川之精华，山川者一郡之气脉"，提出对梵净山森林"永以为禁"，禁止"积薪烧炭"。

1975 年，湖北省云梦县睡虎地出土了一批珍贵的秦代竹简，上面记录了大量法律制度和行政文书，其中包括中国第一部"环保法"——《田律》。《田律》规定，在春季二月，禁止砍伐山林中的树木及堵塞水道。在夏季，禁止焚烧草地作为肥料，禁止采摘刚发芽的植物，禁止设置陷阱和网罟以捕捉幼兽、鸟卵和幼鸟，禁止毒杀鱼鳖等。这反映了古人注重与自然和谐相处，强调顺应自然规律，回馈自然的思想与行为。

《道德经》中写道："人法地，地法天，天法道，道法自然"。中华民族始终遵循天人合一、道法自然的理念，寻求永续发展之路。

党的十八大以来，党中央把生态文明建设作为关系中华民族永续发展的根本大计，开展了一系列开创性工作，决心之大、力度之大、成效之大前所未有，生态文明建设从理论到实践都发生了历史性、转折性、全局性变化，美丽中国建设迈出重大步伐。

【拓展阅读】

协和万邦的处世之道

中国最古老的历史文献《尚书》中，开篇明义地写道"以亲九族""协和万邦"。中国人历来主张"世界大同，天下一家"，亲仁善邻、协和万邦是中华文明一贯的处世之道。

近年来，我国先后提出共建"一带一路"倡议、全球发展倡议、全球安全倡议、全球文明倡议，为应对世界之变、时代之变、历史之变提供了中国方案。构建人类命运共同体理念的提出，更彰显了中国共产党对中华优秀传统文化"亲仁善邻、协和万邦"的继承和发展，展现了我国在世界百年未有之大变局加速演进条件下胸怀天下的大国担当。

【结束语】

在漫长的历史进程中，中华民族创造了独树一帜的灿烂文化，体现了中国人几千年来积累的知识智慧和理性思辨，蕴藏着解决当代人类面临的难题的重要启示。历史是最好的老师，我们要植根中华文明厚土，吸收借鉴人类优良制度文明的有益成果，从中华优秀传统文化中汲取治国理政的理念和智慧，在对历史的深入思考中更好地实现中国式现代化。

【课后活动】

优秀传统思想文化小型思辨会

以小组协作的方式，完成以下思考：春秋时期诸子百家除了上述的老子、孔子、庄子外，还有哪些？他们各自有着怎样的思想观点？你最欣赏哪一个派别？请收集相关资料，并与大家分享。

第四章　优秀的传统科学

【篇首语】

古代中国在农业、医学、天文、数学等方面已形成较为完备的科学体系。其中，一些具有代表性的科技发明兼顾国家政治需要和人们日常生产生活，具有很强的哲理性、实践性、交融性、开放性，是中华文化的宝贵遗产，为世界文明的多样性发展做出了重要贡献。

一、辉煌的数学成就

中国古代的数学研究在殷、西周时期已达到很高的水平。春秋时期，人们已熟练地将数学和几何学知识用于城市建筑、土地测量、征收赋税等方面。到秦汉时期，数学研究已出现具有划时代意义的成果。

（一）商鞅方升——中国最早的标准量器

战国时期，由于测量土地、制造器械、计算租税和买卖上的需要，数学已有了长足发展。当时，人们已能对面积和体积进行精密的计算，并制作出了精准的测量器具，商鞅方升就是其中的典型代表。

商鞅方升是商鞅变法统一度量衡时所监制的标准量器，于晚清时期在陕西省蒲城县出土。商鞅方升呈长方形，一侧有中空柄，其余三侧及底面皆刻有铭文。商鞅方升通长 18.7 厘米，内口长 12.5 厘米，宽 7 厘米，高 2.3 厘米，容积 202.15 立方厘米，重 0.69 千克。器外壁刻

有铭文七十五字，记载秦孝公十八年（公元前 344 年），大良造鞅（即商鞅）监制标准计量器，以十六又五分之一立方寸为一升。商鞅方升因其翔实的铭文、精密的制作和明确记录的容积而被认为是不可多得的国家级标准器，反映了中国古代劳动人民在数学应用、器械制造等方面所取得的高度成就，代表着战国手工业的最高水平。

商鞅方升是商鞅变法的重要物证，秦始皇统一六国后，仍以商鞅所规定的量制作为全国统一的度量标准。

【拓展阅读】

规矩准绳

《史记》记载，大禹治水时，"左准绳，右规矩，载四时，以开九州，通九道，陂九泽，度九山"。这里所说的"准绳"和"规矩"就是当时的数学测量工具。这也从侧面说明我们的先民很早就认识了数与形的概念，并会使用"规""矩""准""绳"等数学测量工具。其中，"规"即圆规，"矩"即有直角的曲尺，"准"即水平仪，"绳"即拉直的墨线。

（二）中国最早最完整的乘法口诀表

　　汉代燕人韩婴的《韩诗外传》中记载了这样一段故事：春秋时期，齐桓公设立招贤馆，打算征集各方面的人才，但等了很久，一直没有人来应征。过了一年后，来了一位老百姓，他想把"九九歌"献给齐桓公。齐桓公笑道："'九九歌'也能用来表示才学吗？"这个人回答："'九九歌'确实算不上什么才学，但如果您对我这个只懂得'九九歌'的老百姓都能重礼相待的话，还怕天下有识之士不来吗？"齐桓公觉得这话很有道理，就把他接进了招贤馆。果然，不到一个月，四面八方的贤士接踵而至。这里的"九九歌"便是我们今天所用的九九乘法口诀表。

　　九九乘法口诀表可能起源于春秋战国时代，《战国策》《荀子》《管子》等书中都曾有"六六三十六""三九二十七"等文字记录。2002年6月，湖南省湘西土家族苗族自治州龙山县里耶镇出土了37000多枚秦简。在清洗秦简时，其中一枚引起了考古人员的注意，经过一番辨认，排列整齐的乘法口诀表映入眼帘。该秦简上的乘法表运算顺序

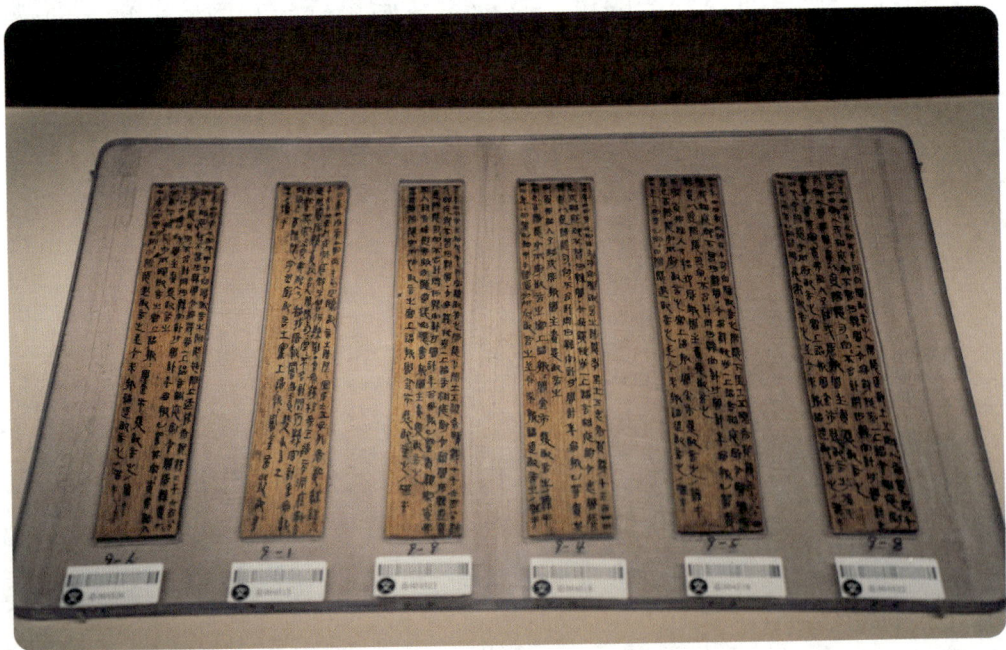

从"九九八十一"开始，到"二二得四"止，从左至右书写排列，共有 39 句，这是目前我国发现的最早、最完整的乘法口诀表实物。

里耶秦简乘法表中有一句"二半而一"，意思是说二乘以二分之一等于一，这说明当时已有分数的概念了。最后一句"凡千一百一十三字"，说的是乘法表中所有乘积的和等于 1113，这说明早在秦朝，我国人民就已熟练掌握了乘法交换律。

西方最早的乘法口诀表是在 1600 多年前出现的，里耶秦简的发现，说明我国发明乘法口诀表比西方早了 600 多年，中华文明的悠久再一次得到了有力的证明。

（三）中国古代数学的瑰宝：《九章算术》

2020 年底，中国科学家成功构建了 76 个光子的量子计算机，命名为"九章"。此名称是为了致敬中国传统数学最重要的著作《九章算术》。《九章算术》是中国古代数学的集大成之作，大致成书于东汉时期，内容涉及方程、几何、测量、天文、力学等多个方面。

《九章算术》全书共有方田、粟米、衰分、少广、商功、均输、盈不足、方程、勾股等九个章节。"方田"即土地测量，"粟米"即粮食计量与交换，"衰分"即比例分配，"少广"和"商功"分别是工程测量和工程力学，"均输"则是税收与输送，"盈不足"即盈亏计算，"方程"描述了多个未知数的方程组的求解方法，"勾股"即勾股定理。每章聚焦于特定的数学问题，展示了多种解决实际问题的数学方法。例如开平方、开立方的方法。关于分数的四则运算和比例的算法是当时世界上最先进的。书中所记载的关于负数的概念和正负数加减法的运算，则为世界数学史上首见。

《九章算术》对中国数学影响深远，它的出现标志着中国古代数学体系的形成。该书不仅催生了刘徽、祖冲之等数学大家，其内容也被纳

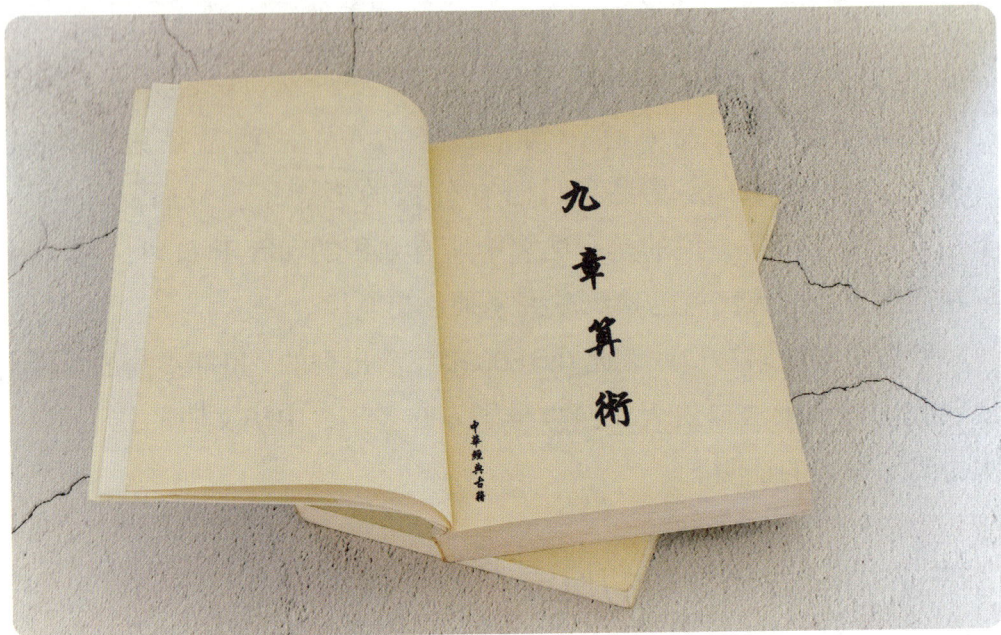

入科举考试，成为考生们必须掌握的基本知识。《九章算术》的数学思想还通过丝绸之路传播到了亚洲其他地区以及欧洲。其在方程解法和几何测量方面的成就，为世界数学文化的交流和发展做出了重要贡献。

【拓展阅读】

商高定理

据《九章算术》记载，勾股定理是由周朝的商高发现的。我国另一成书于公元前1世纪以前的数学著作《周髀算经》中，用商高回答周公的提问的方式，介绍了这一定理。其中，"勾股各自乘，并而开方除之""勾广三""股修四""径隅五"，这些陈述与今天勾股定理的通俗说法"勾三股四弦五"几乎无异。因此，勾股定理在我国一般又称作"商高定理"。在西方国家，又称作"毕达哥拉斯定理"。但其实，毕氏发现勾股定理要比商高晚得多。

二、精准的天文历法

　　每年冬至，北京故宫都会迎来大批前来观赏"日照金龙"盛景的游客。正午时分，当冬日的阳光照上乾清宫的地面，光便会被地面的金砖反射，并随着时间的推移，自左而右依次照亮"正大光明"匾额上的金字及下方的五条金龙，这一奇妙景象被称为"日照金龙"。这不仅是一场视觉盛宴，更是我国古人智慧的完美展现。

　　为什么会出现这样神奇的景观呢？原来，古代工匠设计故宫时，通过观察太阳的位置和运动规律，结合冬至这一天阳光独特的角度，与建筑规划进行完美的结合，于是造就了开头的一幕奇观。

　　早在战国时代，我国已有专门观测星辰运行的占星家，如齐国的甘德、楚国的唐昧、赵国的尹皋、魏国的石申等。战国中期，甘德和石申精密地记录了120颗恒星的赤道坐标，他们所测定的恒星记录，是世界上最古老的恒星表。长沙马王堆遗址出土的帛书《五星占》，

记载了从秦始皇元年到汉文帝三年共70年间木星、土星、金星运行的位置记录。

　　天文学是历法编制的基础。古代先贤们通过圭、表、牌、规、矩等工具，采用勾股定理、比例法、圆方转换、七衡法等方法，经过系统的观测和计算，得出天体运行的各项数据，并制订了历法。二十四节气的创立就是我国古代天文学服务农耕的典型例证。

　　西汉时期，汉武帝派人在黄河流域测定日影最长、白昼最短这天作为冬至日。以每年冬至日为起点，将其与下一个冬至日之间的时间间隔均分为24等份，每个节气间隔15天，于是就有了最初的"二十四节气"。我国现行的"二十四节气"来自三百多年前订立的根据太阳在回归黄道上的位置来确定节气的方法（1645年起沿用至今）。二十四节气概括了一年中四季交替的准确时间以及大自然中一些物候等自然现象发生的规律，人们据此进行农事活动，春种夏长，秋收冬藏。

【拓展阅读】

干支纪年法

干支纪年，是中国自上古以来就一直在使用的纪年方法。干支是天干和地支的总称。共分十天干：甲、乙、丙、丁、戊、己、庚、辛、壬、癸。共分十二地支：子、丑、寅、卯、辰、巳、午、未、申、酉、戌、亥。中国古代从天干的第一个字"甲"和地支的第一个字"子"开始，依序各取一字组合，配成甲子、乙丑、丙寅……直到癸亥，共取 60 次，之后又从"甲子"开始新的循环，以此往复，以此纪年。例如：按照干支纪年法，最近的甲子年为 1984 年，1985 年为乙丑年，1986 年为丙寅年……以此类推，2024 年为甲辰年。

三、辉煌的农业成就

我国是传统农业大国，几千年的农耕生活和农业生产，孕育了中国悠久而厚重的农耕文明。

（一）生产工具的改进

先秦时期，我国出现了用于松土的农具"耒耜"。耒耜由一根尖头木棍加上一段短横梁组成。使用时把尖头插入土壤中，用脚踩横梁使木棍深入，然后将土壤翻出。因其木质易磨损，人们又逐步将其改制为石质、骨质或陶质，有的还制成耐磨的板刃外壳，损坏后可以更换，这就是犁的雏形了。

春秋战国时期，冶炼鼓风炉技术得到改进，冶炼技术提高，人们能够从铁矿里熔炼出铁。各个国家不仅生产出大量的铁质武器用于战争，同一时期，铁制犁铧也运用于农业生产活动中。铁犁铧的出现标

志着社会进入新的发展时期。

战国时使用的铁犁铧多为"V"形犁铧冠，这种铧冠形制小而重量轻。如河南省辉县出土的"魏犁"，铧重 465 克，斜边长 17.9 厘米，中央尖部宽 6 厘米，两侧宽 4 厘米，铧刃顶端上下两面均起脊线，角度有 120°，左右两角的铁叶近 10 厘米。将这种铧冠纳入木犁头，可以松土划沟。到了汉代，铁犁的结构与零件已经基本定型，具备犁架、犁头和犁辕，用牛牵引，不仅能挖土，而且能翻土、成垅。

我国的铁犁发明于公元前 6 世纪，欧洲人到 17 世纪才开始使用铁犁，比中国晚了 2300 年左右。犁的发明、应用和发展，凝聚了世界各族劳动人民的心血和智慧。

（二）兴修农田和水利

农业生产工具和水利工程的进步是中国古代农学成就的重要组成部分。水利工程的建设，对于农业的发展起到了至关重要的作用。

公元前 256 年至公元前 251 年，秦昭王任命李冰为蜀郡（今成都一带）太守。到蜀郡后，李冰来到发源于成都平原北部岷山的岷江，看到沿江两岸山高谷深，水流湍急，经常冲决堤岸，泛滥成灾；每年夏秋洪水季节，常造成东旱西涝，便开始着手进行大规模的治水工作。

李冰和他的儿子二郎沿岷江江岸进行实地考察，了解水情、地势等情况，制订了治理岷江的规划方案。首先，开凿离堆，即开凿一道约二十米宽的引水口，这样既可以分洪减灾，又能引水灌溉成都平原。随后，在离堆以上的一段江心，沿左侧山麓的走向，就地取沙石修筑长堤。并将此段山麓修整成为引水渠的左岸，构成从右向左的弧形弯道，以迫使表层水自右向左进入引水渠，底层水挟带泥沙仍奔向正流。之后，在岷江上利用河心州的淤滩修建分水工程——鱼嘴，最大限度地削减岷江洪峰给沿途带来的洪水威胁。这就是都江堰水利工程。为有效管理维护都江堰的运行，还设立了堰官、岁修制度。

都江堰是全世界迄今为止年代最久、唯一留存下来的以无坝引水为特征的宏大水利工程。建堰2250多年来，都江堰持续发挥着作用，为成都平原的富足奠定了坚实的基础。都江堰的创建，是人、地、水三者的高度和谐统一，开创了中国古代水利史上的新纪元，在世界水利史上写下了光辉的一章。

（三）生产技术的总结

北魏之前，我国北方长期处于分裂割据的局面。后鲜卑族的拓跋氏建立了北魏政权，并逐步统一了北方地区，社会秩序由此逐渐稳定，社会经济也随之从屡遭破坏的萧条景象中逐渐恢复过来，得到发展。统治者的励精图治，促进农业生产蒸蒸日上。

北魏末年，有一位叫做贾思勰的官员，他深感恢复国民经济、保障人民生活的重要性，于是开始致力于农学研究，足迹遍及今河南、山西、河北、山东等地。每到一地，他都非常认真考察和研究当地的农业生产技术，向具有丰富经验的老农请教，获得了不少农业生产知识，掌握了多种农业生产技术。

中年以后，他回到故乡，开始经营农牧业活动，并潜心钻研，写成了农业科学技术巨作《齐民要术》。全书共 10 卷，分 92 篇，有 11 万多字，内容涉及农、林、牧、副、渔等农业范畴。结构严谨，论述全面，脉络清楚。

《齐民要术》作为一部科学技术名著，历经约 1500 年，仍被人们奉作古农书的代表作。

【拓展阅读】

我国古代的医学成就

《黄帝内经》问世于战国时期，在西汉完成编制，被称为"医家之宗"。东汉时期的《神农本草经》是中国第一部完整的药物学著作，也是中医药物学理论发展的源头。唐代孙思邈著有《千金要方》，是对唐代以前医药学成就的系统总结，被誉为我国最早的一部临床百科全书。孙思邈被后人称为"药王"。南宋著名法医学家宋慈开创了"法医鉴定学"。明代李时珍编著的《本草纲目》，被誉为"东方医药巨典"，后世称李时珍为"药圣"。

【结束语】

中国传统科学技术发明经由古人对自然现象的探索和总结而成，是古人智慧的结晶，为促进社会生产力发展起到了巨大作用。我们要继承先辈们潜心研究的创新精神，把中国现代科技推向更高峰，造福全人类。

【课后活动】

想一想：中国古代科技发明一度领先于西方，为什么后来却落后了？这对我们有什么启发？

第五章 有趣的传统习俗

【篇首语】

　　远古的先民在举行图腾崇拜、先祖祭祀、天文观测等活动的过程中，逐渐发展出一些传统节日，并沿袭了多种传统习俗。这些节日与习俗蕴含着原始信仰、祭祀文化、天文历法、易理术数等人文与自然文化内容，不仅反映了中华民族丰富而多彩的社会生活，也积淀了深厚的历史文化底蕴。

一、传统的节日

　　中华文化中有各种各样的传统节日，这些传统节日与人民群众的精神生活关系十分密切。

（一）春节的仪式感

　　春节是中国民间最隆重且富有特色的传统节日之一。上古时代，人们会在年初举行岁首祈岁祭祀活动，祈求一年五谷丰登、人畜兴旺。这种祭祀活动随着时间的推移逐渐演变为各种庆祝活动，最终形成了今天的春节。

　　我国的春节具有很强的仪式感。多地流传的一首童谣，很完整地描绘了春节期间的习俗："小孩小孩你别馋，过了腊八就是年。腊八粥，喝几天，哩哩啦啦二十三。二十三，糖瓜粘。二十四，扫房子。二十五，磨豆腐。二十六，去买肉。二十七，宰公鸡。二十八，把面发。

二十九，蒸馒头。三十晚上熬一宿，初一初二满街走。"春节的每一天都有很多具有仪式感的活动。

扫尘是中国民间过年传统习俗之一。民谣中提到的"二十四，扫房子"指的就是腊月二十四这天，家家户户掸拂尘垢、清洗器具、洒扫庭院、疏浚渠沟的习俗，寄托了人们辟邪除灾、迎祥纳福的美好愿望。

剪窗花也是众多年俗中的一种。人们为了烘托节日气氛，在窗户上张贴具有吉祥寓意的剪纸花样。窗花形式多样，有动物、植物，也有各种典故，如三阳开泰、二龙戏珠、鹿鹤同春、五福捧寿、年年有余等。

春联，又叫"春贴""门对"，它以对仗工整、简洁精巧的文字为介，寄托美好的期许。几千年来，从毛笔书写到彩纸印刷，春联的形式不断演变，然而不变的是人们对美好生活的向往。

年夜饭，又称团年饭、团圆饭等，特指除夕的阖家聚餐。这一天，在外的游子都将赶回家和亲人团聚。年夜饭的菜品中一般会有鱼类，寓意着年年有余。这也代表人们对来年美好生活的期许。

守岁，又称"熬年"。除夕之夜，全家团聚，吃过年夜饭后，点起蜡烛或油灯，人们围坐闲聊，通宵守夜，代表对旧岁的辞别与对新年的守望。

拜年，是人们辞旧迎新、相互表达美好祝愿的一种方式。在古代，正月初一被视为新的一年的开始，皇帝会举行盛大的朝贺仪式，接受来自各地官员和臣民的祝贺。在民间，一家大小会穿戴整齐，依次拜贺尊长。

春节的节庆内容丰富多彩，并具有重要的历史、艺术和文化价值。受到中华文化的影响，春节民俗活动已走进多个国家和地区，成为全球性文化盛事。

（二）当传统节日遇上诗歌

古往今来，文人墨客以传统节日为主题，撰写了大量诗词歌赋，将中国文化的浪漫蕴藏其中。千百年过去，这些诗词读来仍余味无穷，惊艳岁月。

《元日》是北宋政治家王安石创作的一首七言绝句："爆竹声中一岁除，春风送暖入屠苏。千门万户曈曈日，总把新桃换旧符。"元日即农历正月初一，诗中描述的是人们在这一天放鞭炮、饮屠苏酒、更换辟邪桃符的欢乐动人景象。

元宵节，又称上元节，是农历新年的第一个月圆之夜。在中国古代，这是一个充满浪漫色彩的节日，平日里足不出户的女子可在这天出门赏灯。宋代词人辛弃疾的《青玉案·元夕》中写道："东风夜放花千树。

更吹落，星如雨。宝马雕车香满路。风箫声动，玉壶光转，一夜鱼龙舞。"五光十色的彩灯缀满街巷，满天的烟花乱落如雨，渲染出一派盛景。

寒食节设在农历清明前一日或二日，据说是为了纪念春秋时的晋国大夫介子推而设立。相传介子推在晋文公重耳流亡期间不离不弃，忠心护主。归国后，介子推归隐于山中，晋文公烧山逼他出来，介子推抱树而死。晋文公为悼念他，禁止在他逝世的这天生火煮饭，只准吃冷食。于是古代有寒食节前后禁火三天的风俗。唐代韩翃写有一首《寒食》："春城无处不飞花，寒食东风御柳斜。日暮汉宫传蜡烛，轻烟散入五侯家。"说的是寒食节前后，本应禁火，但黄昏时皇宫中却传赐蜡烛，袅袅轻烟飘散入近幸大臣的家里。

端午，是中国传统节日中民俗内涵最丰富者之一。相传在此日，伟大的爱国诗人屈原投江自尽，后人伤其冤死，划船捞救并把粽子投入江中祭祀，后世逐渐演变成端午龙舟竞渡和食粽的风俗。唐代文秀所写七言绝句《端午》："节分端午自谁言，万古传闻为屈原。堪笑楚江空渺渺，不能洗得直臣冤。"诉说着端午的由来。

　　七夕节，又称七巧节，起源于中国古代的星象文化。中国人很早就观测到了"牛宿星"与"织女星"，后世又据此演绎出"牛郎织女"的民间传说。汉代的一首文人五言诗《迢迢牵牛星》，就是根据牛郎和织女的故事创作而成。诗是这样写的："迢迢牵牛星，皎皎河汉女。纤纤擢素手，札札弄机杼。终日不成章，泣涕零如雨。河汉清且浅，相去复几许？盈盈一水间，脉脉不得语。"抒发了女子离别相思之情。

　　宋代苏轼在《水调歌头·明月几时有》中感叹道："明月几时有？把酒问青天。不知天上宫阙，今夕是何年。我欲乘风归去，又恐琼楼玉宇，高处不胜寒。起舞弄清影，何似在人间。"作者在中秋之夜，触景生情，把人世间的悲欢离合纳入对宇宙人生的哲理性追寻之中，寄予了对亲人的思念和美好祝愿。唐代王维的《九月九日忆山东兄弟》一诗中："独在异乡为异客，每逢佳节倍思亲。遥知兄弟登高处，遍插茱萸少一人。"抒发了游子在重阳节登高望远时的思乡怀亲之感。

　　当节日遇上诗歌，中国文人总能碰撞出不一样的文思，让我们在感受中国文字美妙的同时，触摸千百年前最动人的人间烟火。

【拓展阅读】

中国传统节日有哪些？

中国的传统节日主要有：春节（农历正月初一）；元宵节（农历正月十五）；龙抬头（农历二月初二）；社日节（农历二月初二）；上巳节（农历三月初三）；寒食节（冬至后的第105或106天）；清明节（公历4月5日前后）；端午节（农历五月初五）；七夕节（农历七月初七）；中元节（农历七月十五）；中秋节（农历八月十五）；重阳节（农历九月初九）；下元节（农历十月十五）；冬至节（公历12月21—23日）；除夕（农历十二月廿九或三十）；等等。

二、技艺的传承

（一）皮影戏——指尖舞动的艺术

皮影戏是中国民间古老的传统艺术，旧称"影子戏"或"灯影戏"，是一种以光源照射兽皮或纸板做成的人物剪影，用以表演故事的民间戏剧。《汉书》记载了一个与皮影戏有关的故事，汉武帝爱妃李夫人染疾故去了，武帝思念心切，神情恍惚，终日不理朝政。大臣李少翁一日出门时，路遇孩童手拿布娃娃玩耍，影子倒映于地，栩栩如生。李少翁心中一动，用棉帛裁成李夫人的影像，涂上色彩，并在手脚处装上木杆。入夜，用白布围成方帷，点上蜡烛，恭请皇帝端坐帐中观看。武帝看罢龙颜大悦，从此爱不释手。这被认为是皮影戏最早的起源。

我国地域广阔，皮影戏在不同区域的长期演化过程中，形成了不同流派，常见的有四川皮影、湖北皮影、湖南皮影、北京皮影、唐山皮影、山东皮影、山西皮影、青海皮影、宁夏皮影、陕西皮影，川北皮影、陇东皮影等。地方皮影各具特色，但是制作程序大多相同，通常要经过选皮、制皮、画稿、过稿、镂刻、敷彩、发汗熨平、缀结合成等八道工序，手工雕刻千余刀，制作过程复杂奇妙。

在表演皮影戏时，艺人们在白色幕布后面，一边操纵戏曲人物器具，一边用当地流行的曲调唱述故事（有时用方言），同时配以打击乐器和弦乐。各地的音乐唱腔风格与韵律都吸收了当地戏曲、曲艺、民歌小调、音乐体系的精华，从而形成异彩纷呈的众多流派，具有浓厚的乡土气息。

皮影戏包含历史演义、民间传说、武侠公案、爱情故事、神话寓言等多种题材，流传下来了许多经典剧目，如《孙悟空三打白骨精》《白蛇传》《隋唐演义》《西厢记》《西游记》《牛郎织女》《五峰会》《降火龙》等。这些剧目不仅展现了皮影戏的艺术魅力，也深受观众喜爱，传承了民间艺术的生命力。

（二）糖画——传承千年的甜蜜

糖画，是不少国人共有的童年记忆。逛庙会、赶集市时，"糖关刀"的摊位前总会被孩子们围得水泄不通。只见糖画艺人手持一勺一

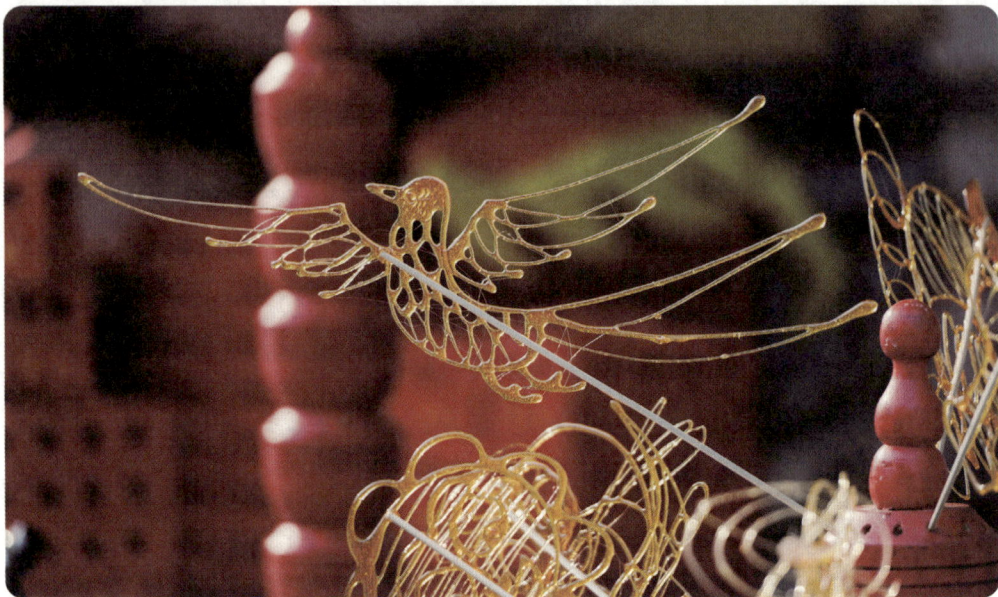

铲，待糖料熬到可以牵丝时，即用小汤勺舀起熔化了的糖汁，在石板上笔走龙蛇，飞快地来回浇铸，趁热一气呵成，彩凤飞龙、英雄人物、花鸟鱼虫、飞禽走兽等造型栩栩如生。完成后，艺人随即用小铲刀将糖画铲起，粘上竹签。小孩举着腾云驾雾的飞龙或展翅欲飞的彩凤，轻轻舔一下，看得人眼馋口也馋。

说起糖画的由来，还有一个有趣的故事。传说唐代文人陈子昂在四川老家生活的时候，非常喜欢吃黄糖（蔗糖）。他总是将糖先融化，然后在桌面上倒铸成各种动物及花卉图案，等凝固后拿在手上，一面赏玩一面食用。后来陈子昂来到长安求学，有一次在作糖画时，吸引了正微服出宫游玩的小太子的注意，随行的太监向陈子昂要了几个糖画献给太子。结果回宫后的太子吃完以后，还继续吵着要。这番吵闹惊动了皇帝，他非常好奇，于是召陈子昂进宫，让他当场表演，由此陈子昂便得到了升迁。后来，陈子昂辞官回乡，还在家乡收了几个徒弟传授此技，学的人越来越多，并代代相传，这一技艺从此就流传下来。

到了清代，糖画制作技艺日趋精妙，题材也更加广泛，多为龙、凤、鱼、猴等大众喜闻乐见的吉祥图案。2008年，成都糖画入选中国国家级第二批非物质文化遗产名录；2019 年，成都糖画列入国家级非物质文化遗产代表性项目保护单位名单。

三、有趣的民俗

（一）土家年

土家年是流行于湖南省永顺县的传统民俗活动。土家年传承地域广泛，在云贵高原余脉的湘、鄂、渝、黔等武陵山地区的八百万土家人，均过土家年，它是土家族民族认同的重要标志。

土家人每年要过三次年，农历腊月二十九或二十八过"赶年"，农历六月二十五过"六月年"，农历十月初一过"十月年"。过"赶年"的晚上，土家族人民会在空场地中燃起篝火，围着篝火跳摆手舞，唱调年歌。"六月年"因土家人历史上一次重要迁移而来，土家人会在这天宰牛祭神。"十月年"为历史上土家人迁移后为迎接新家园的第一场丰收而举行。当天土家人会相互拜年，共同庆祝。

土家人的"土家年"习俗，反映了土家族的生活观念、思想情操和宗教观念，寄寓了土家人对美好生活的追求。

（二）侗年

侗年是流行于湖南省怀化市、贵州省榕江县等侗族聚居地的传统民俗活动。侗年是侗族为感谢祖先保佑而设立的传统节日，也是侗家人团圆、庆贺丰收的日子，同时又是侗族文化展示的舞台。

侗年最重要的仪式是唱祭祖歌，即"斗莎"。"斗莎"除了有祭祀祖先的意义外，还是侗族人传承民族优秀传统文化的一种形式。侗族的老人们常通过"斗莎"，向下一代传授为人处世、明辨是非、勤俭持家、尊老爱幼等道理。

（三）赶秋节

赶秋节，又称秋社节、交秋节，是在湖南省湘西地区花垣县、凤凰县、吉首市、泸溪县等地聚居的苗族人民的传统节日。赶秋是湘西苗族现存最古老的庆典社交活动之一。

赶秋意指在每年的立秋这天，苗区轮到哪个地方是墟场（即"赶集"），这个墟场便成为当年的"秋场"集市。在立秋日那天，当地群众停下手中的农活，穿上节日的盛装，成群结伴，从四面八方的村寨来到赶秋的集市上，观看吹笙、演戏、武术、舞狮子、耍龙灯、上刀梯等娱乐节目，并参与打秋千、打球等活动。

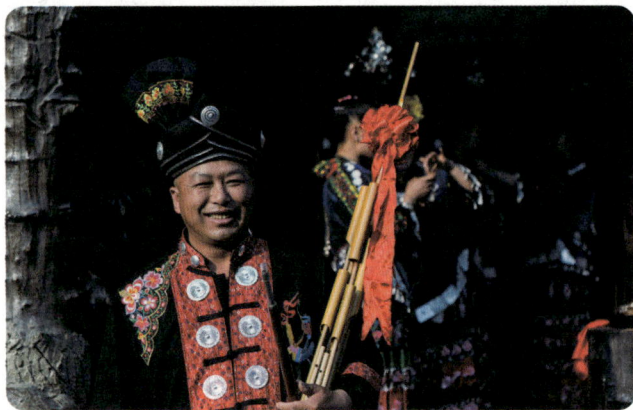

【结束语】

在漫长的历史中产生的传统习俗，是中国各族人民世代相传的文化遗产和传统文化表现形式，是中华文明绵延传承的生动见证，是联结民族情感、维系国家统一的重要基础。保护好、传承好、利用好这些传统习俗，对于延续历史文脉、坚定文化自信、推动文明交流互鉴、建设社会主义文化强国具有重要意义。

【课后活动】

收集与节日有关的诗歌，来一场诗歌朗诵比赛吧！

第六章　悠久的交流互鉴

【篇首语】

　　中华文明历经五千载岁月洗礼，以其卓越的包容性、和平性和连续性傲立于世界文明之林。在全球化的今天，文明间的互鉴成为时代的重要命题。世界文明是一个百花园，只有坚持文明互鉴，才能让花园里百花齐放，只有以平等包容的态度推动文明交流互鉴，才能使不同文明取长补短、美美与共，共同书写人类文明的辉煌篇章。

一、中华文明与世界其他文明的交流

　　中华文明是世界上历史最悠久、最灿烂的文明之一。在漫长的历史进程中，中华文明和世界其他文明之间进行了广泛的交流。张骞通西域后，中华文化源源不断地传向中亚、欧洲，促进西方乃至世界文明的进步。同时，勤劳智慧的中国人民善于学习和吸收其他地区先进的文明成果，不断丰富着中华文明的内涵，促进中华文明的发展。

（一）丝绸之路上的文化交融——汗血宝马和苜蓿的传奇

　　汗血宝马，本名"阿哈尔捷金马"，产于土库曼斯坦境内科佩特山脉和卡拉库姆沙漠间的阿哈尔绿洲，是世界上最古老、最纯正的马种之一。

　　我国西汉时期，国势日渐强盛，汉武帝派张骞出使西域。张骞在大宛国（今中亚地区费尔干纳盆地）见到了汗血宝马，他是这样描述

的：大宛国"多善马，马汗血，其先天马子也"。丝绸之路开通后，公元前104年，汉武帝派遣大使带着金银财宝去大宛国换取宝马，结果被大宛国国王拒绝，使者也在归途中被杀害。汉武帝勃然大怒，又派大将李广利率领大军远征大宛国。大宛国难以抵挡，于是弑君后与汉军议和，并同意向汉朝提供良马。得到汗血宝马的汉武帝十分高兴，赐予其"天马"的美名，还让汗血宝马等西域良马与蒙古马杂交。从此，中原的马种得到改良，汉代的生产力和军队的装备也因此大幅增强。

与汗血宝马一起传入中国的还有苜蓿。在古代中亚地区，苜蓿是极为重要的农作物和饲料，因而苜蓿作为培育宝马的首选饲料，也被引入了中国。

自1992年中国与土库曼斯坦建交以来，土库曼斯坦总统曾先后

将三匹汗血宝马作为国礼赠予我国。祝愿承载着两国人民深情厚谊的汗血宝马不懈奔驰，续写中土友好的华彩篇章。

（二）佛教：文明交流的桥梁

魏晋南北朝以后，中国与世界的文化交流更为频繁。在这之中，佛教成为中国与周边诸国文化交流的纽带。

公元 399 年，中国佛教史上的一位著名僧人法显从长安（今西安市汉长安城遗址）出发，经西域至天竺寻求戒律。他游历 30 余国，收集了大批梵文经典，前后历时 14 年，经陆路到达印度并由海上回国。他是中国历史上有记载的第一位到达了印度本土的中国人，比玄奘取经早了约 200 年。回国后，法显参与翻译从天竺取回的《摩诃僧祇律》《大般泥洹经》等经文，共译出经典共六部六十三卷，计一万多言，对后来的中国佛教产生了深远的影响。法显还将自己西行取经的见闻写成了一部不朽的世界名著——《佛国记》。通过《佛国记》，我们可以窥探到一千五六百年前西域等地的历史、人文、地理以及宗教文化的状况。

唐代贞观三年（629年），高僧玄奘从长安出发，经姑臧出敦煌，经过今新疆及中亚等地，辗转到达中印度摩揭陀国王舍城，来到当时印度的佛教中心那烂陀寺学习，游历数十国后，于贞观十九年（645年）返回长安。玄奘西行求法，往返十七年，旅程五万里，带回佛教经律论共五百二十夹，六百五十七部，归国后受唐太宗召见。

另一位唐代高僧鉴真，历尽千辛万苦，先后6次东渡，终于在754年到达日本。旅居日本期间，他辛勤不懈地传播唐朝多方面的文化成就，凭记忆和理解为日本矫正经书，用鼻闻的方式辨别中药材，他所积累的验方由其弟子整理为《鉴上人秘方》，成为日本医学的宝贵财富。鉴真还根据中国唐代寺院建筑的样式，为日本精心设计了唐招提寺，历时两年建成，从此鉴真在唐招提寺讲律传戒，极受日本朝野尊敬。

法显、玄奘一路西行，留下的作品成为今人研究古代西域的人文地理类珍贵史料。鉴真东渡极大地促进了中日文化的交流，佛教得以更为广泛地传播到东亚地区，对日本的宗教和文化事业发展产生了积极深远的影响，增进了中日两国人民的友谊。

（三）中西方文化交流的使者——皇宫中的传教士

随着全球化的推进，中西方的文化交流愈发密切。14世纪时，中国发明的指南针传入欧洲，为欧洲的航海事业和全球贸易提供了重要支持。很多西方传教士就是在这段时期来到中国，他们不仅带来了西方的科学知识和文化艺术，还促进了中西方文明的深度对话与融合。利玛窦、汤若望、南怀仁等人便是这一群体中的杰出代表。

利玛窦是意大利神父，于16世纪末来到中国。利玛窦精通天文、地理、数学、音乐等多种知识，并深感中国文化的博大精深。他为明朝的万历皇帝带来了两架报时自鸣钟、一册《万国舆图》、一张西琴等，

深受皇帝赏识。利玛窦的聪明才智和深厚学识很快赢得了中国士人的尊重和信任。为了更好地传播教义，利玛窦选择穿上儒服，学习中文，与当时的中国士人共同研讨学术。通过与官员、学者的交流，他将西方的天文、地理、数学等科学知识介绍到中国，同时也将中国的儒家经典、文化艺术带回欧洲。这种双向的文化交流，不仅增进了中西方之间的了解，也为之后双方的文化沟通与共赢打下了坚实的基础。

汤若望是德国天文学家，他于1620年（明万历四十八年）到达澳门，在中国生活了47年，历经明、清两朝，是继利玛窦之后又一位在皇宫中担任要职的洋教士。他在天文学上有着深厚的造诣，并在明清交替之际，凭借其卓越的天文学知识，得到了顺治皇帝的赏识和重用，被任命为钦天监监正，成为中国历史上的第一个"洋监正"。1634年，汤若望受崇祯帝之命，成功造出大炮，并完成了《火攻挈要》一书。他还协助内阁大学士徐光启完成了卷帙浩繁的《崇祯历书》，标志着中国天文学从此汇入世界天文学发展的潮流。汤若望还积极参与中西方天文学的交流活动，他翻译了大量西方天文学著作，同时也向西方介绍中国的天文学成就。通过他的努力，中西方天文学得以相互借鉴，共同发展。

南怀仁是比利时籍耶稣会传教士，1658年抵达澳门，后到陕西传教。1660年到北京参与汤若望主持的历法修订工作，并在清宫中担任宫廷天文学家、铸炮专家和画家等职。南怀仁将西方的科学知识与中国的传统文化相结合，设计并监制了黄道经纬仪、赤道经纬仪、地平经纬仪、纪限仪和天体仪等天文仪器。至今，这些仪器作为中西科学交流的历史见证，仍陈列在北京古观象台。

利玛窦、汤若望、南怀仁这三位皇宫中的洋教士，凭借其卓越的学识和才华，成了中西方文化交流的重要使者。他们通过传播科学知识、参与文化艺术交流、推动学术对话等方式，为中西方文明的融合与发展作出了不可磨灭的贡献。

二、中华文明内部的交流互鉴

在数千年的历史长河中，中华文明以其独特的魅力和强大的生命力，不断吸收着来自四面八方的文化养分，中华文明内部的交融互鉴也在不断开展。

唐代是中国历史上一个辉煌灿烂的时代，这一时期，国家经济繁荣、社会安定、思想开放，各种文化、宗教、艺术流派并存，互相交流，共同发展。这种包容性的文化氛围，为中华文明内部的交流互鉴提供

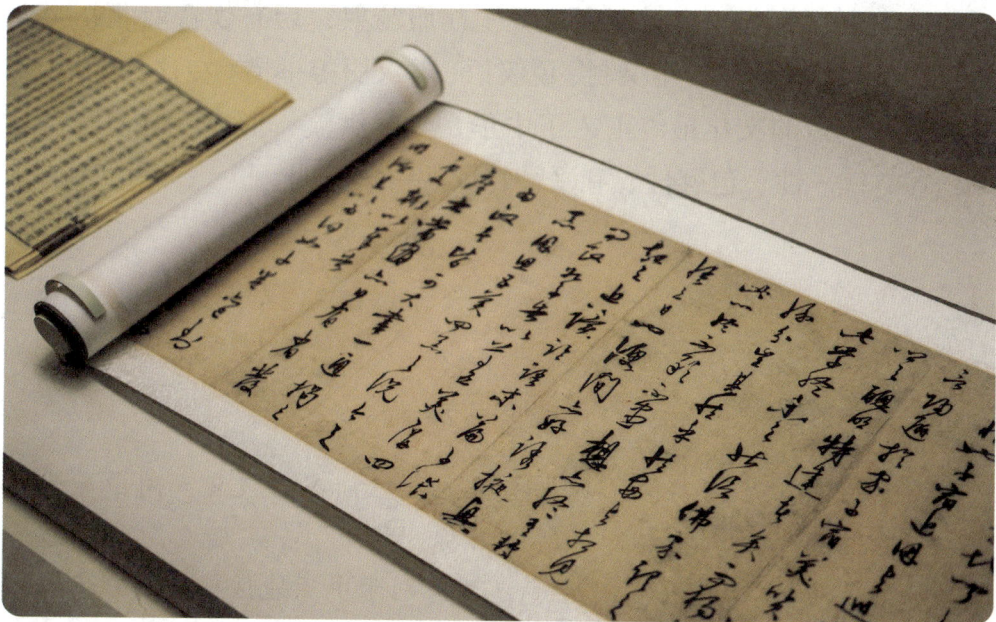

了广阔的空间。

当时，有一个叫回鹘的少数民族部落，主要分布于我国新疆，在我国内蒙古、甘肃等地以及中亚的一些地区也有散居。回鹘人是游牧民族地区最早过渡到城市生活的民族之一。回鹘立国后，与唐朝的关系一直很好。安史之乱发生后，唐肃宗派宗室郡王敦煌王李承宷、大将仆固怀恩前往回纥（鹘）汗国借兵，最终依靠回鹘平定了安史之乱。为了使双方关系更为密切，回纥葛勒可汗提出将妻妹嫁给敦煌王，这是唐朝与回纥第一次和亲。

唐朝与回鹘在政治上互助和亲，在经济贸易上互通往来，极大促进了双方在文化上的相互认同。双方频繁互动，在嫁娶丧葬礼仪、风俗习惯、宗教信仰等方面相互影响。回鹘逐渐兴起筑造宫殿之风，妇女也开始效仿中原女性的妆容，用纹绣品作装饰。与此同时，回鹘装束也传入唐朝，一度受到追捧。五代十国时期，女诗人花蕊夫人的诗《宫词》中有这样一句："回鹘衣装回鹘马，就中偏称小腰身"，这不仅是当时民族交融状况的真实写照，也是中华民族共同体形成发展的历史见证。

历史上，前有战国时期赵武灵王胡服骑射，后有魏晋南北朝时期魏孝文帝施行迁汉地、用汉制、说汉语、着汉服等举措。在这片土地上，各民族所创造的文化最终汇入了中华文化的洪流，形成具有连续性、创新性、统一性、包容性、和平性特征的中华文明。

【拓展阅读】

胡服骑射

"胡服"，是指类似于西北戎狄之衣短袖窄的服装，同中原华夏族的宽衣博带长袖大不相同，所以俗称"胡服"；"骑射"指周边游牧部族的"马射"（骑在马上射箭），有别于中原地区传统的"步射"

（徒步射箭）。战国时期，赵武灵王即位时，赵国正处在国势衰落期，赵武灵王看到胡人在军事服饰方面有一些特别的长处：身穿窄袖短袄，生活起居和狩猎作战都比较方便；作战时所用的骑兵、弓箭，与中原的兵车、长矛相比，具有更大的灵活机动性。为了富国强兵，赵武灵王决心取胡人之长，补中原之短，提出"着胡服""习骑射"的主张，建立起以骑兵为主体的一支军队，在战争中即刻显示出威力来。就在行胡服的次年，赵国就向侵略赵国已久的中山国发动进攻，一直打到宁葭（今河北省石家庄市鹿泉区北），又西攻胡地，到达榆中（今内蒙古河套东北岸地区），"辟地千里"，林胡王只能向赵国贡献良马以求和。

三、全球化背景下的文明交流

在全球化的大背景下，现代文明交流日益频繁，成为各国之间互相理解、合作与发展的重要桥梁。

400多年前，意大利传教士把记录孔子言行的《论语》一书译成拉丁文带到了欧洲。如今，为发展我国与世界各国之间的友好关系，增进世界各国人民对中国语言和文化的理解，中国已在全球上百个国家（地区）设立孔子学院和中小学孔子课堂。作为中国传统文化的重要传播者，孔子学院为各国人民提供了学习汉语和了解中国文化的平台。这种文化交流的形式，不仅增进了外国友人对中国文化的兴趣和认同，也为中国与世界各国建立友好关系奠定了坚实的基础。孔子学院的创立与发展，正是全球化背景下文明交流的一个缩影，它展示了中国文化的魅力，也促进了中国文化与世界文化的相互融合。

与此同时，中国与世界各国深入联系，共同挖掘古代文化遗产，深化文明交流。中沙联合考古便是这一领域的生动体现。2016年，中国和沙特阿拉伯签署《中国—沙特塞林港遗址考古合作协议书》。2018年以来，中国国家文物局水下文化遗产保护中心和沙特国家考古中心组成中沙联合考古队，先后两次在位于阿拉伯半岛的塞林港遗址展开考古调查与发掘活动，发现并确认了古海湾、古航道和被流沙掩盖的季节河遗迹，探明了塞林港建港缘由，为海上丝绸之路考古研究

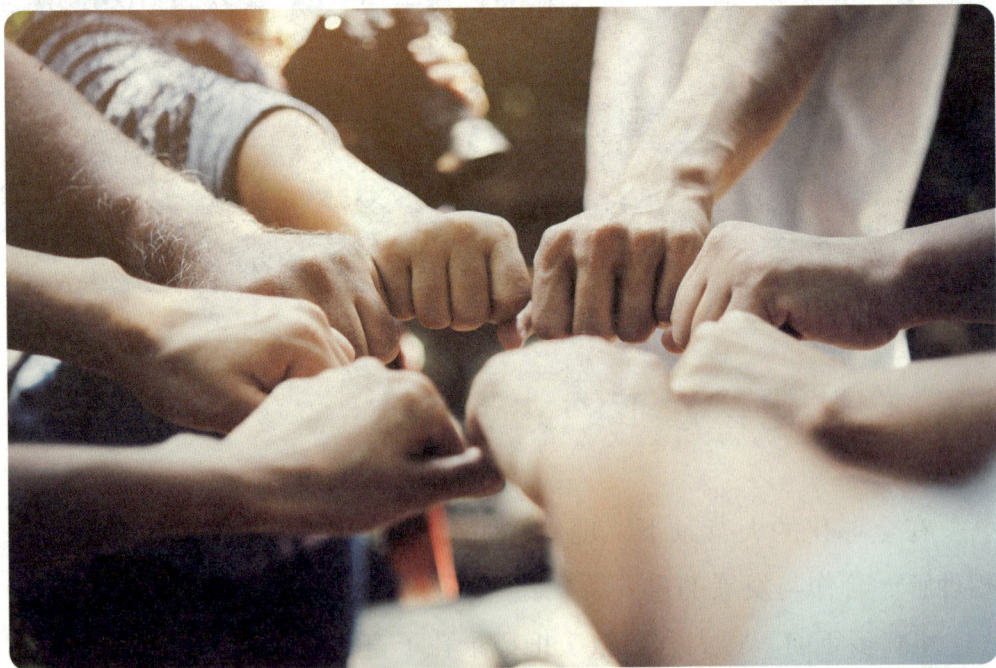

提供了珍贵的实物资料。

　　近年来，中国同各国一道，充分挖掘各国历史文化的时代价值，推动各国优秀传统文化在现代化进程中实现创造性转化、创新性发展。在全球化的背景下，我国正携手世界各国一道点亮文明交融之光，以不同的方式展示文明交流的多样性和丰富性，不断探索和创新文明交流的方式和内容，推动全球文化的交流与融合，共同构建一个和谐、多元、繁荣的世界。

【结束语】

　　文明之间的交流互鉴是推动人类文明进步的重要动力。博大精深的中华文化伴随着频繁的文化交流得以发展。纵观历史，多样的外国文化与中华文化碰撞、融合，极大地丰富了中华文化的内涵。让我们铭记伟大先贤们的努力和贡献，继续推动文明交流互鉴的进程，共同书写人类文明的辉煌篇章。

【课后活动】

　　同学们，请你们开动脑筋，思考并讨论如何借助现代科技手段（如互联网、人工智能等），推动中华文化的国际传播。

第七章 永续的文化传承

【篇首语】

　　历史文化遗产承载着中华民族的基因和血脉。新时代，新征程，我们要以习近平文化思想为指引，更好地担负起新的文化使命，保护好、传承好、利用好历史文化遗产，让中华文脉绵延赓续、文明薪火代代相传，为以中国式现代化全面推进强国建设、民族复兴伟业注入强大文化力量。

一、守护文化遗产

　　文化遗产是由我们的祖先创造并留给后世的具有历史、艺术和科学价值的各种物质和非物质的文化资源的集合，它们不仅代表着过往的辉煌和成就，更是连接古今的桥梁，是增进中华民族身份认同和延续历史文脉的重要中介。

（一）守护历史文化遗产——故宫修缮旧貌换新颜

　　北京故宫，旧称紫禁城，始建于明成祖永乐四年（1406 年），以南京故宫为蓝本营建，至永乐十八年（1420 年）建成，是明清两朝 24 位皇帝的皇宫。故宫以三大殿为中心，占地面积约 72 万平方米，建筑面积约 15 万平方米，有大小宫殿 70 多座，是世界上现存规模最大、保存最为完整的木质结构古建筑群之一。

　　这座巍峨壮丽的皇家宫殿，见证了明清两代 500 多年的历史变迁，

也是中华五千年文明史上的华彩篇章。然而，随着时间流逝，故宫内的建筑遭受到了风雨的侵蚀和岁月的摧残，加上经年未修，许多地方已是残败不堪。

新中国成立之后，一代又一代的故宫人接力传承，致力于让这座古老的宫殿重现其庄严、肃穆、辉煌的原貌。党和政府及时组织制订古建筑抢险与整治规划，并拨专款开展修缮工作。1961年4月，故宫被列入第一批全国重点文物保护单位名单，故宫古建筑保护工作提上日程。1987年12月，故宫被列入世界遗产名录。2002年3月下旬，国务院在故宫博物院组织召开会议，决定对故宫进行全面维修。2002年10月17日，故宫武英殿大修试点正式开工，标志着自20世纪初以来规模最大、历时最久、修缮建筑最多的故宫保护工程拉开序幕。此后18年间，"故宫整体维修工程"完成了古建筑内外环境整治和整体保护，除武英殿外，还完成了太和门、太和殿、神武门、午门等重点古建筑单体或区域的修缮工作。

此次大修不仅是对故宫古建筑本体的整体保护，也是对古迹保护方法的全面实践和保护理论的总结提炼，更是对故宫文化价值的传承和弘扬。故宫人遵循了"祛病延年、最少干预、最大限度地保存古建筑真实性和完整性"的原则，采用了传统的建筑工艺和材料，对故宫的各个部分进行了细致的修复和保养。同时借助了现代科技手段，如无损检测、虚拟现实等，确保修复工作的准确性和效果。通过修缮，故宫得以重现其庄严、肃穆、辉煌的原貌，让更多的人能够感受到它深厚的文化底蕴和独特的历史魅力。

（二）守护非物质文化遗产——滩头年画，从濒临失传到薪火相传

滩头年画是湖南省邵阳市隆回县滩头镇的汉族民间工艺品。鲁迅先生曾在其散文集《朝花夕拾》中专门描述过一幅名为"老鼠娶亲"的年画，画中将老鼠嫁女、给猫上供等场景描绘得活灵活现。这就是著名的滩头木版年画。

滩头年画始创于明末清初，据《隆回县志》记载，明末清初有个叫王东元的人，为谋生计，开办了年画作坊，生产出《秦叔宝》《尉迟恭》等十多种年画作品。道光年间，"和顺昌"作坊老板胡奇甫又绘制了《桃园结义》等十几幅新作品。滩头年画工序烦琐，制作精良，从选择造纸原料、制造纸张、刷底，到刻版、七次印刷、七次手绘，生产一幅年画需要经过二十多道工序，且从造纸到成品全程都集中在一地，这在全国年画制作业中都属罕见。民国初期，滩头年画生产达到全盛期，远销至东南亚的一些国家和地区。

新中国成立后，滩头年画被划为封建迷信物品，发展一度停滞，直至 1979 年才开始恢复生产。但一些被烧毁的拓板已无法找回，加之缺乏继承人才，致使一些优秀的作品和技艺皆失传。销售不景气，加上在世的老艺人逐年减少，年轻人又不愿学，这门手艺甚至到了濒临

失传的边缘。

　　2002年，隆回县积极呼吁抢救滩头年画。滩头年画被列入中国民间文化遗产抢救工程第一批项目，并由有关部门投入资金，用于培养传承人和恢复技艺。同时，隆回县还建立了滩头年画博物馆和传习所，为开展传承活动提供了必要条件。一些文化机构和艺术团体也积极组织滩头年画的展览、演出和推广活动，旨在让更多的人了解并欣赏到这种独特的艺术形式。还有一些志愿者自发来到滩头镇，学习和传承滩头年画技艺，为这一非物质文化遗产的传承贡献自己的力量。如今，滩头年画已经逐渐恢复了往日的辉煌，成为湖南省非物质文化遗产中的一颗璀璨的明珠。

　　滩头年画的复兴不仅是一桩典型的非物质文化遗产保护案例，更是展现湖南省文化魅力和传承精神的生动篇章。我们要心怀对传统文化的敬畏之心，付诸行动保护和传承非物质文化遗产，让这些宝贵的文化遗产在新时代里焕发出新的光彩。

【拓展阅读】

我在故宫修文物

《我在故宫修文物》是中国中央电视台出品的一部文物修复类纪录片，于 2016 年 1 月 7 日在 CCTV-9 播出。该片重点记录了故宫中各类书画、青铜器、宫廷钟表、木器、陶瓷、漆器、百宝镶嵌、宫廷织绣等珍奇文物的修复过程，讲述了修复者的生活故事。片中第一次完整地呈现了中国国宝级文物的修复过程和技术，展示了文物的原始状态和收藏状态，探索文物修复专家的内心世界和日常生活，梳理了中国文物修复的历史源流。

二、传承千年文脉

　　中华优秀传统文化是中华民族的精神命脉，是中华儿女在世界文化激荡中站稳脚跟的坚实根基。我们要精心守护祖辈留下的文化遗产，让历史文脉更好地传承下去。

　　2023 年 6 月 26 日，世界互联网大会数字文明尼山对话开幕式暨主论坛在山东省曲阜市的尼山圣境举行。尼山是儒家文化的发源地，也是孔子的诞生地，这里承载了丰富的历史文化底蕴，见证了中华文明的千年传承。尼山论坛以开展世界不同文明对话为主题，以弘扬中华优秀文化、促进中外文化交流、推动建设人类命运共同体为目的，是一个将学术性、国际性与开放性相结合的国际思想文化对话交流平台。可以说，尼山论坛是传承千年文脉、弘扬中华优秀传统文化的重要载体。

　　孔子创立的儒家学说以及在此基础上发展起来的儒家思想，包含"仁民爱物""推己及人""诚信为本""和而不同"等理念，可为

数字文明发展提供重要启示。在孔子诞生地尼山举办的这次数字文明对话，既为尼山注入了数字时代的新鲜血液，更为数字文明发展提供了中华优秀传统文化的智慧滋养。

经过多年的发展，尼山论坛已经成为国际文化交流的重要品牌，吸引了越来越多的国内外学者和文化名人参与。尼山论坛已成为中华文明的展示舞台和世界文明的交流平台。通过论坛，各国学者、文化名人可以共同探讨人类文明的发展方向，分享各自的文化成果，从而增进理解，减少文化隔阂。通过论坛，不仅展示了中国丰富的历史文化遗产，还可以让世界各国更加深入地了解中华文化的博大精深。

遗产需要守护，文脉需要传承。正是这样的代代传承与发展，才使得儒家思想融入千年中华文明，成为中国传统文化的重要组成部分，构筑了中华民族文化的自信基石，成就了人类文明积淀的精神财富。展望未来，尼山论坛将继续发挥其在传承千年文脉、弘扬中华优秀传统文化方面的重要作用。

【拓展阅读】

曲阜"三孔"

山东省曲阜市的孔府、孔庙、孔林，统称曲阜"三孔"，它以丰富的文化积淀、长久的历史、壮丽的规模以及珍贵的文物而著称，是世界瞩目的文化瑰宝。

孔庙于公元前 478 年始建，后不断扩建，成为一处占地 14 公顷（1公顷 =10000 平方米）的古建筑群，包括五殿、一阁、一坛、一祠、两庑、两堂、两斋、十七碑亭与五十三门坊，气势宏伟、巨碑林立，堪称宫殿之城。孔府，建于宋代，是孔子嫡系子孙居住之地，西与孔庙毗邻，占地约 16 公顷，共有九进院落，有厅、堂、楼、轩 463 间，旧称"衍圣公府"。孔林，亦称"至圣林"，是孔子及其家族的专用墓地，也

是世界上延续时间最长的家族墓地，林墙周长 7 千米，内有古树 2 万多株，是一处古老的人造园林。

孔庙、孔林、孔府作为中国历代纪念孔子、推崇儒学的象征，因其丰富的历史背景和文化内涵，1994 年被联合国列入《世界遗产名录》。

三、文化创新发展

党的十八大以来，习近平总书记多次提出，要系统梳理传统文化资源，让收藏在深宫里的文物、陈列在广阔大地上的遗产、书写在古籍里的文字都活起来，此即对优秀传统文化的创造性转化和创新性发展。

（一）数字赋能优秀传统文化

2023 年 12 月，在河南省第二届全民阅读大会上，由中州古籍出版社带来的《山海经：中国神兽图鉴》沉浸式体验活动吸引了不少市民驻足参与。小朋友们戴上 VR 眼镜进行互动式阅读，沉浸式体验"山海经中国神兽元宇宙"。这种互动式阅读主要采用游戏引擎、编程、3D 建模等技术，将那些隐藏在书页之间的神兽变成了一个个真实而立体的存在，让戴上 VR 眼镜的小朋友感到其似伸手可触，奇幻无比。这是我国新时代数字技术与优秀传统文化深度融合的缩影。近年来，随着数字技术的发展，虚拟现实、5G、人工智能、云计算等数字技术普遍运用于传统文化艺术的创新呈现和传承传播领域。

为了实现敦煌石窟文物的永久保存、永续利用，二十世纪 80 年代开始，敦煌研究院提出了"数字敦煌"的构想。2016 年 5 月 1 日，"数字敦煌"资源库上线，30 个经典洞窟的高清数字图像及虚拟漫游体验节目正式上网。2022 年 12 月 8 日，"数字敦煌·开放素材库"上线，共开放 6500 余份档案。2023 年 4 月 18 日，"国际古迹遗址日""数字藏经洞"程序正式上线，大众可以通过"云游敦煌"小程序或"数字敦煌"官网，直接登录"数字藏经洞"。目前，"云游敦煌"小程序已有近 6000 多万用户在线上浏览；"数字敦煌"资源库的点击量已超过 1000 万人次。如今，来到敦煌莫高窟，游客们只需拿起手机、打开 AR 地图，便能看到九色鹿从壁画中"飞身而下"，科技赋能让文物触手可及。

在数千年历史进程中，传世古籍浩如烟海。近年来，我国在古籍保护层面积极推进数字化进程，有效实现了古籍生命永久存续。2023年2月8日，《永乐大典》高清影像数据库在中国国家图书馆正式发布。该数据库的建成，不仅能使《永乐大典》纸质文献的损耗得以减少，更能通过数字化平台，让《永乐大典》这一宝贵文献走入寻常百姓家。目前，由国家图书馆建设的"中华古籍资源库"已发布古籍资源约10万部（件），逾2640万页。其中，读者利用率最高的善本古籍，已有2万多部实现上网。

（二）让文物活起来

2022年春晚，一台名为《只此青绿》的舞台剧亮相现场。舞者身着青绿色衣裙，双袖下垂，既像山的纹理，又似山间飞瀑。她们以不同的造型和体态变化模拟山峦，传统的柔美之姿之外，更有一种大气磅礴之态，展现了中国传统文化的独特魅力。

《只此青绿》取材于传世名画《千里江山图》，讲述了一位故宫青年研究员"穿越"回北宋，以"展卷人"的视角"窥"见画家王希孟创作《千里江山图》的故事。

习近平总书记指出："让收藏在博物馆里的文物、陈列在广阔大地上的遗产、书写在古籍里的文字都活起来。"《只此青绿》的创作，就是按照"文化＋艺术"的思路，推动中华优秀传统文化创造性转化与创新性发展的一次有益尝试。它不仅完美地展现了宋代美学的特征，也让我们发自内心地对中华民族灿烂的文明产生崇拜，从精神深处认同，增加了我们传承中华文化基因的自觉性。

【知识链接】

《千里江山图》

　　《千里江山图》是我国北宋画家王希孟的杰作。该画以概括精练的手法、绚丽的色彩和工细的笔致,描绘了烟波浩渺的江河、层峦起伏的群山,构成了一幅美妙的江南山水图,表现出祖国山河的雄伟壮观,被视为宋代青绿山水画中的巨制杰作。《千里江山图》画卷,代表着青绿山水画的发展里程碑,是中国十大传世名画之一。

【结束语】

　　中华优秀传统文化凝结了中华文明的智慧结晶和精华,体现了中国人看待世界、社会和人生的独特价值体系,寄寓着中华文明的深刻内涵和精神品质,是中华民族的根和魂。我们要传承中华优秀传统文化,推动其创造性转化、创新性发展，把富有永恒魅力、具有当代价值的文化精神永续传承下去。

【课后活动】

开展一次"优秀讲解员"活动

活动目的：让同学们在争当"优秀讲解员"活动中，了解、喜欢和传播中华优秀传统文化。

活动流程：将班级分为三个小组，开展"优秀讲解员"交流比拼赛。

第一轮为主题讲解个人赛，以中华优秀传统文化为主题，同学们可以结合自己了解到的新时代中国相关伟大成就、杰出人物等内容进行自由讲述。

第二轮为命题讲解，以小组为单位，由班主任老师结合本地文化遗产选定主题，参赛队伍围绕其中的某个文物、人物、故事等，结合自身了解、心得体会来讲述。

讲解完后，由全班同学进行无记名投票，评选出最佳讲解队伍和最佳"优秀讲解员"。

第八章 自信的文化强国

【篇首语】

中国共产党自成立之日起，既是先进文化的积极引领者和实践者，又是中华优秀传统文化的忠实传承者和弘扬者。"自信人生二百年，会当水击三千里"，当代中国共产党人和中国人民一定能够肩负起新的文化使命，在实践创造中进行文化创造，在历史进步中实现文化进步，不断铸就中华文化新辉煌。

一、繁荣社会主义文化事业

（一）紧跟时代的文艺创作

文化兴则国运兴，文化强则民族强。文艺是文化的重要组成部分，是时代前进的号角。正如鲁迅先生所说，要改造国人的精神世界，首推文艺。当代中国正经历着我国历史上最为深刻的社会变革，也正在进行着人类历史上最为宏大而独特的实践创新，这都为文艺创作提供

了强大动力和广阔空间。

　　"您有一条来自国宝的消息，请注意查收。"这是 2018 年 1 月 1 日在中央电视台纪录频道播出的纪录片《如果国宝会说话》的篇首语。该片通过"微纪录"的表达方式，让沉静的国宝"开口"讲述传奇，每集以 5 分钟的时间展示一件文物，向观众展现蕴藏在文物背后的深邃历史和精彩故事，介绍国宝背后的中国精神、中国审美和中国价值观，带领观众读懂中华文化。《如果国宝会说话》的创新形式和内容，让观众在轻松愉悦的氛围中感受到中华文化的魅力和价值。节目的热播不仅引发了全社会对文物保护和传承的关注，更激发了人们对中华文化的自信和自豪。

　　在实现中华民族伟大复兴的历史进程中，运用文艺讲好中国故事、传播好中国声音、阐发中国精神、展示中国魅力，是树立当代中国良好形象、提升国家软实力的重要任务。于是，《大江大河》《山海情》《人世间》《鸡毛飞上天》等一大批有筋骨、有道德、有温度的电视剧被搬上荧幕；《红海行动》《我和我的祖国》《流浪地球》《长安三万里》等电影以深厚的文化底蕴和艺术魅力，彰显了中国文化的自信与自强；

《河西走廊》《航拍中国》等纪录片从多种角度讲述了中国文化的故事，让观众在欣赏影像的同时，也能深入了解我国悠久的历史，领略文化的魅力，它们是传播中华文化、弘扬文化自信的重要载体；《中国诗词大会》《朗读者》《典籍里的中国》等综艺节目，则运用现代科技手段和新颖的艺术形式，让优秀传统文化焕发新的生机和活力；小说《北爱》《芬芳》，戏剧《红楼梦》《绽放》等一批新创优质文艺作品，装点美好生活，振奋民族豪情，汇聚成文艺最美丽、最丰盈的风景。

繁荣社会主义文艺有助于满足人民群众日益增长的精神文化需求，提高全民族的思想道德水平和科学文化素质；有助于弘扬民族优秀文化，增强国家文化软实力和国际影响力；有助于凝聚人心、汇聚力量，为全面建设社会主义现代化国家提供强大的精神动力和文化支撑。

展望未来，我们要继续坚持以人民为中心的创作导向，深入挖掘革命历史文化资源和民族优秀传统文化资源，注重创新创造和艺术品质提升，推动社会主义文艺事业不断繁荣发展。

（二）文化体系不断完善

2023 年 5 月，在中国美术馆建馆开放 60 周年之际，习近平总书记给中国美术馆的老专家、老艺术家回信。他在回信中说，中国美术馆有力见证了新中国美术事业的蓬勃发展，在典藏精品、展览展示、公

共教育、对外交流等方面守正创新，取得了积极成效，希望美术馆在高质量收藏、高水平利用、高品质服务上下功夫，努力打造新时代人民群众欣赏美术佳作、提升文化素养的国家级乃至世界级艺术殿堂。

近年来，随着文化建设投入增加，我国积极推进覆盖城乡的公共文化服务设施建设，公共文化基础设施建设取得重大进展。2023 年，全国已有的基层文化馆、图书馆分馆和服务点数量超 10 万个，各类新型公共文化空间超 3.35 万个；国家博物馆、国家图书馆新馆等一批高水平的大型公共文化设施建设有力推进，县级文化馆、图书馆、博物馆、村级文化活动室等城乡基层公共文化设施网络建设取得积极进展。

除此外，各类文艺活动也如火如荼开展。在贵州举办的"广场舞之夜"带动全国举办广场舞活动超 2.4 万场；文化与旅游部部署开展的全国"四季村晚"活动，引导带动各地结合春季相关节假日，以乡村为中心，以"四季村晚"为品牌，搭建群众乐于参与、便于加入的自我展示平台，参与人次约 1.3 亿。

如今，村落巷陌，书香漫溢；田间地头，即是舞台。公共文化变得触手可及、浸润日常。

（三）文化产业不断升级

2023 年 5 月 13 日，贵州"村超"在贵州省榕江县北新区体育馆打响。"村超"全称为"贵州榕江（三宝侗寨）和美乡村足球超级联赛"，从揭幕战到决出总冠军，再升级为全国美食足球友谊赛。"村超"的网络平台综合浏览量突破 480 亿次，全网在线观看直播人数超 6 亿人次。2023 年 5 月 13 日至 10 月 28 日，系列赛事举办期间，当地累计接待游客超 519 万人次，实现旅游综合收入 59.86 亿元。

"村超"火出圈是中国文化产业不断升级的一个缩影。近年来，我国文化产业蓬勃发展，2023 年，中国微短剧进入中期发展阶段，上半年共上新微短剧 481 部，超过了 2022 年全年的 454 部，全年市场规模达到 373.9 亿元，同比上升 267.65%。据国家统计局调查，2023 年全国 7.3 万家规模以上文化企业实现营业收入 12.95 万亿元，比上年增长 8.2%，并呈现文化产业规模持续扩大、文化服务业支撑作用增强、文化行业整体向好的特点。

二、践行社会主义核心价值观

习近平总书记强调："在五千多年中华文明深厚基础上开辟和发展中国特色社会主义，把马克思主义基本原理同中国具体实际、同中华优秀传统文化相结合是必由之路。"

（一）走中国道路——马克思主义基本原理同中国具体实际相结合

马克思主义深刻揭示了自然界、人类社会、人类思维发展的普遍规律，为人们认识世界和改造世界提供了科学的立场、观点和方法。在革命、建设、改革等各个历史时期，中国共产党人始终坚持把马克思主义基本原理同中国具体实际相结合，不断推动理论创新和实践创新，为中国革命、建设和改革提供了强大的思想武器和行动指南，取得了举世瞩目的成就，完成了中国其他政治力量不可能完成的艰巨任务。

革命时期，毛泽东将马克思主义与中国革命的具体实际相结合，提出了"农村包围城市，武装夺取政权"的革命道路。这一战略思想是对马克思主义关于武装夺取政权学说的重大发展，它反映了中国革命发展的特殊规律，指明了中国革命走向胜利的唯一道路。

社会主义建设时期，邓小平将马克思主义与中国社会主义建设的具体实际相结合，提出了"改革开放"的伟大决策。他强调，社会主义的本质是解放生产力，发展生产力，消灭剥削，消除两极分化，最终达到共同富裕。这一理论创新为中国的社会主义建设指明了方向。

进入新时代，习近平新时代中国特色社会主义思想是马克思主义中国化最新成果，是党和人民实践经验和集体智慧的结晶，是中国特色社会主义理论体系的重要组成部分，是全党全国人民为实现中华民族伟大复兴而奋斗的行动指南。这一思想将马克思主义与中国新时代的具体实际相结合，提出了许多新理念、新思想、新战略。

（二）践行社会主义核心价值观——马克思主义基本原理同中华优秀传统文化相结合

中华民族有百万年的人类史、一万年的文化史、五千多年的文明史，中华民族在漫长的历史长河中形成了中国人看待世界、看待社会、看待人生的独特的价值体系、文化内涵和精神品质，这就是中华优秀传统文化，是中华民族世世代代劳动与智慧的结晶，是维系中华民族生生不息的精神纽带。

在建设中华民族现代文明过程中，中华民族始终坚定不移推动马克思主义基本原理同中华优秀传统文化相结合，坚持古为今用、推陈出新，推动中华优秀传统文化创造性转化、创新性发展，让马克思主义深深扎根于中华文明沃土之中。

党的十八大提出，倡导富强、民主、文明、和谐，倡导自由、平等、公正、法治，倡导爱国、敬业、诚信、友善，积极培育和践行社会主义核心价值观，得到广大人民群众的认可，并成为中国人民认识世界、改造世界的基本价值遵循。其原因就在于，社会主义核心价值观既体现了马克思主义关于人的全面发展和社会主义本质的要求，又蕴含了中华优秀传统文化中天下为公、民为邦本、为政以德、革故鼎新、任人唯贤、天人合一、自强不息、厚德载物、讲信修睦、亲仁善邻等价值观念。这是马克思主义基本原理同中华优秀传统文化相结合的具体实践。

三、创造属于这个时代的文化

（一）甲骨文文字的守正创新

"苟日新，日日新，又日新。"这句话出自儒家经典《礼记·大学》。意思是如果一个人能做到每天都有新的变化和收获，那就应该持之以恒，日日自新，更进一步。这九字箴言也是商王朝建立者汤的盘铭，商汤王将其刻在自己的盥洗用具上，时刻提醒自己要及时反省和不断革新。如今，这句箴言被刻在殷墟博物馆新馆的高墙之上，展示了中华文明从历史中演化创造、于传承中生生不息的守正创新之道。

2020年以来，国家文化和旅游部、教育部等共同实施"古文字与中华文明传承发展工程"，"故宫博物院藏古文字数字平台"建设

取得积极进展，国家图书馆则建成"甲骨世界"等专题数据库。河南省安阳市积极推动"古文字与中华文明传承发展工程"，建成开放国家级博物馆——中国文字博物馆，依托数千件文物精华，构建起完整的中国文字文化展陈体系系统。位于河南省安阳师范学院的甲骨文信息处理实验室，收集了世界各地的甲骨文著录、文献，建设了甲骨文大数据平台"殷契文渊"。同时，把现代信息技术应用于甲骨文研究中，将甲骨碎片数据数字化以后，可利用人工智能图像技术进行自动缀合，让刻在甲骨上的文字"动"了起来、"活"了起来。

甲骨文是迄今为止我国发现的年代最早的成熟文字系统，是中华优秀传统文化的瑰宝。目前殷墟已出土 16 万余片甲骨文，发现单字约 4500 字，已释读的大概有三分之一。对甲骨文的研究传承、活化利用，是新时代建设中华民族现代文明的重大使命，是更好建设中华民族现代文明的重要借鉴。

【拓展阅读】

古文字与中华文明传承发展工程

"古文字与中华文明传承发展工程"是中央宣传部、教育部、国家语言文字工作委员会等八部门统筹协调工程，以传承弘扬中华优秀传统文化为宗旨，全面系统开展甲骨文、金文、简帛文字等古文字研究，深入发掘蕴含其中的历史思想和文化价值，揭示古文字在中华文明乃至人类文明发展史上的重要作用，创新转化成果，服务时代需求。力争经过5—10年的努力，立足于出成果、出人才、可持续，建成若干高水平研究平台，形成一支老中青结合、具有一流学术水平和担当精神的研究队伍，产出一批具有深远影响的成果，提升中华文化价值引领力。2023年8月16日，教育部在河南省安阳市中国文字博物馆举办"1+1"新闻发布会。教育部相关负责人介绍，"古文字与中华文明传承发展工程"整合全国优势力量搭建协同攻关创新平台，部署重点研究项目近200项，推出《甲骨文摹本大系》等重要成果。

（二）国家版本馆的文明传承

2022年7月30日，位于北京市燕山的中国国家版本馆中央总馆开馆。与此同时，位于西安市秦岭圭峰山、杭州市良渚、广州市凤凰山

的西安、杭州、广州分馆同步开馆。各馆着眼于中华版本资源的永久安全保藏，且均依山而建，意在让文化典籍"藏之名山、传之后世"。

走进中国国家版本馆中央总馆主建筑文华堂的国家书房，抬头便可以看见星空穹顶上的漫天星宿，这是世界上最古老的宋代石刻天文图，记录了恒星1434颗，这一千多颗恒星，闪耀着璀璨的中华文明之光。文华堂是国家版本馆中央总馆的主建筑，也是整个建筑群落单体最大的建筑。44个巨型书柜珍藏着3万余册传世经典，彰显了中华民族厚重的文化底蕴。

文瀚阁是国家版本馆中央总馆建筑群的制高点，远远望去，颇有敦煌莫高窟九层楼的神韵，阁内文瀚厅集中展示《四库全书》《永乐大典》《古今图书集成》等原大仿真影印本、精选古籍影印本和原雕版刷印本等珍贵古籍。

中国国家版本馆这一工程，将古今中外载有中华文明印记的各类版本资源纳入收藏范围，新中国成立以来的各类出版物版本全部入藏，同时吸纳了具有历史文化传承价值的中华古籍、革命文献、宗教文献、雕版拓片、碑帖家谱、钱币邮票、影视剧数字版和外国精品版本等。中国国家版本馆中央总馆馆藏的不同形态、内涵各异的版本，传承了

中华民族特有的精神追求和特质，是看得见、摸得着、信得过的"金种子"，是坚定文化自信自强、更好担负起新时代新的文化使命的精神源泉。

中华文明是世界上唯一没有中断过的文明。党的十八大以来，习近平总书记就文化建设提出了一系列新理念新思想新战略，引领中华文化创造性转化、创新性发展，推动中华文脉绵延繁盛。

【结束语】

中华民族的文化自信，从来没有像现在这样理性厚重、坚定从容，中国特色社会主义文化从来没有像现在这样充满生机、繁荣兴盛。进入新时代，中国共产党人和中国人民应该而且一定能够担负起新的文化使命，站在文化的轴线上，把握历史、现实与未来，巩固全党全国人民团结奋斗的共同思想基础，牢牢守护中华民族的精神命脉，坚定不移走中国特色社会主义道路，以文化自信引领文化强国建设，为伟大复兴中国梦提供强大价值引导力、文化凝聚力、精神推动力。

【课后活动】

想一想：作为新时代的中学生，我们如何从创新、开放的角度传承和弘扬中华优秀传统文化？